AF332566

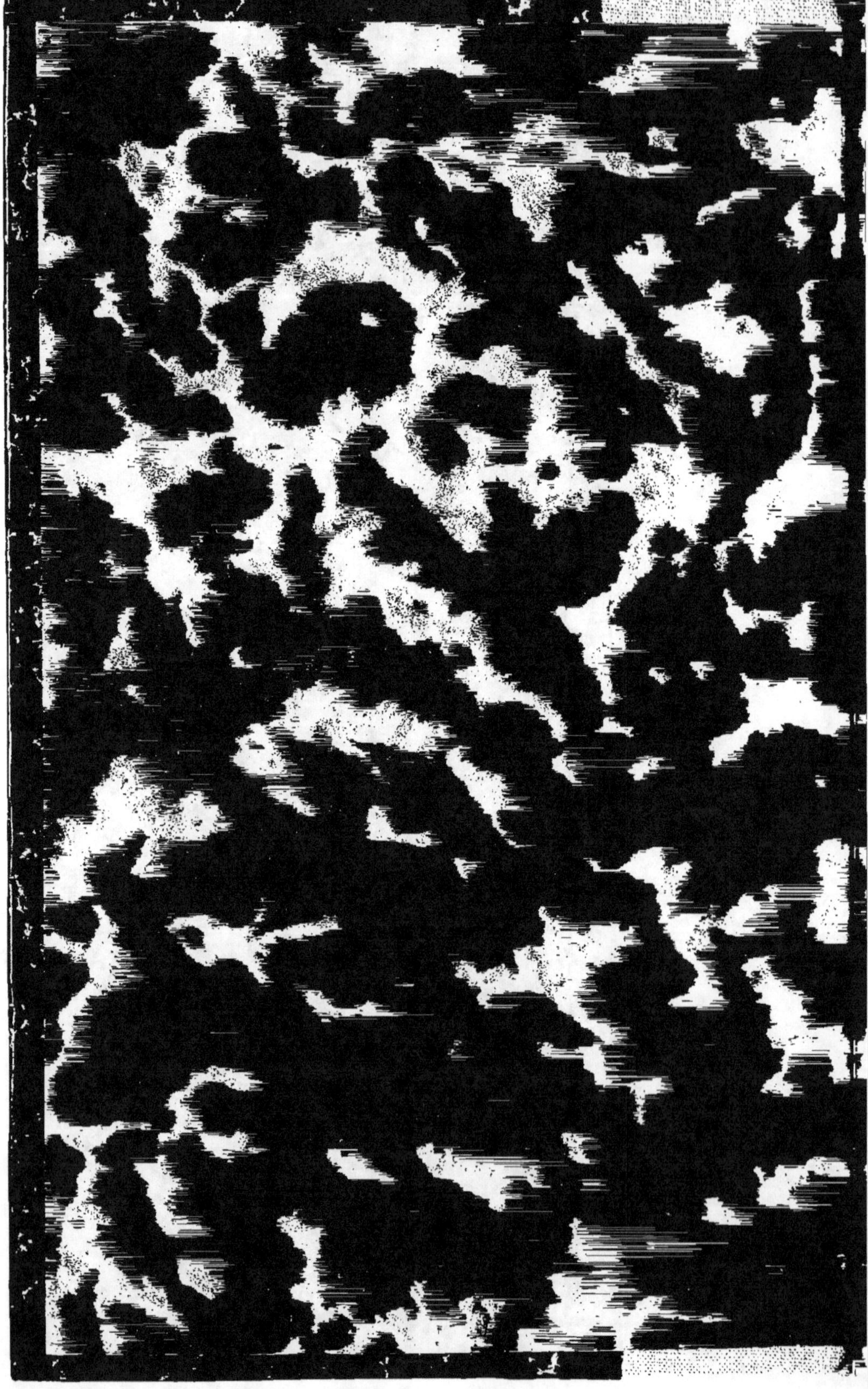

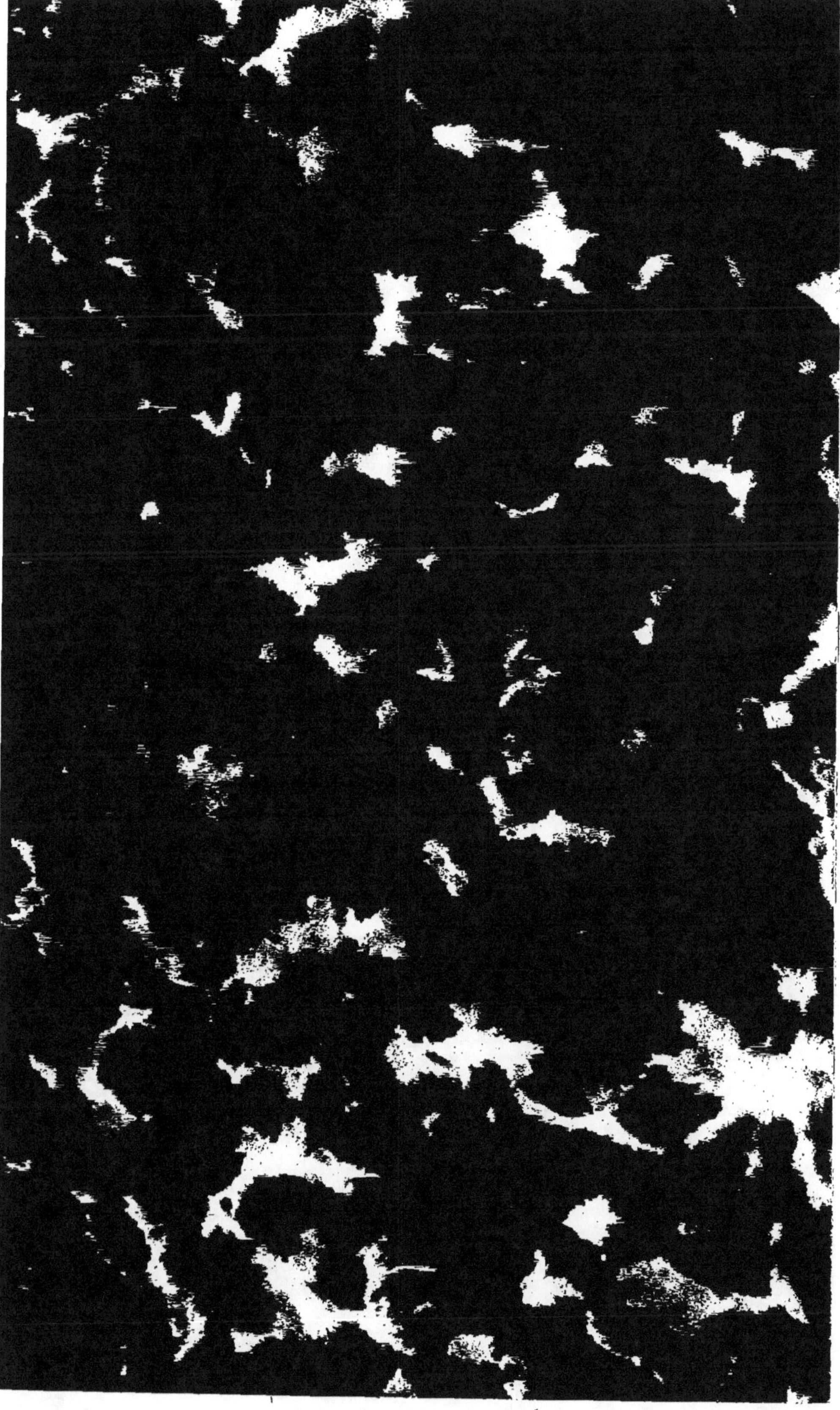

VIE

DE

Mlle NOÉMI CELLIER

DE VENDÉMIAN (Hérault)

Se vend au profit d'une bonne œuvre

MONTPELLIER

TYPOGRAPHIE GROLLIER ET FILS, BOULEVARD DU PEYROU

—

1883

VIE

DE

MLLE NOÉMI CELLIER

DE VENDÉMIAN (Hérault)

Se vend au profit d'une bonne œuvre

MONTPELLIER

TYPOGRAPHIE GROLLIER ET FILS, BOULEVARD DU PEYROU

1883

A LA MÉMOIRE

DE

MADAME SAINT-PHILIPPE DE VACQUIÉ

Supérieure et Fondatrice des Dames de Saint-Maur, à Montpellier

Reconnaissance, vénération, regrets !

A Madame SAINTE-ELISABETH, *Supérieure des Dames du Saint-Enfant Jésus, dites de Saint-Maur, à Montpellier.*

MADAME,

Je prends la liberté de vous dédier cet humble ouvrage.

J'ai dû par obéissance accepter ce travail, et au moment de le livrer au public, sentant plus que jamais le besoin de votre maternelle protection, je viens la réclamer.

C'est chez les Dames de Saint-Maur que Noémi reçut cette éducation forte et chrétienne qui la fit admirer de tous ceux qui la connurent, et *son cher Couvent* fut toujours l'objet de ses prédilections.

Madame Saint-Philippe de Vacquié, qui fut sa maîtresse de classe, fut aussi son amie intime et sa conseillère jusqu'à sa mort.

Madame, vous avez succédé à cette digne et chère Mère dans la maison de Montpellier. Vous avez daigné m'honorer de votre bienveillante sympathie et m'accorder souvent de précieux encouragements, vous ne me refuserez donc pas votre concours, j'en ai la confiance.

J'offre aussi par vos mains ce modeste livre à l'Ordre entier comme témoignage de reconnaissance et d'affection, et je vous prie de me croire,

MADAME,

Votre très-humble servante et fille en Notre-Seigneur,

UNE ENFANT DE St-MAUR.

†

J. M. J.

Dans les premiers siècles de l'Église, quand les chrétiens, poursuivis par les Césars comme des conspirateurs ou traqués par le peuple comme des bêtes fauves, étaient obligés de se cacher pour célébrer nos saints mystères ; quand chaque jour leur sang coulait à flots sous la hache des licteurs ou la dent des léopards, à mesure qu'une nouvelle victime était immolée, de pieuses mains, choisissant l'heure et le moment, venaient enlever les restes sacrés des martyrs. Elles recueillaient avec soin leurs ossements épars ou leurs cendres, et jusqu'aux gouttes de sang imprégnées dans le sol ; et elles déposaient ces précieuses reliques dans les immenses souterrains qui les abritaient eux-mêmes contre les fureurs de la persécution. En même temps, d'autres mains non moins dévouées, dans le silence des catacombes ou dans les profondeurs des palais, traçaient sur le parchemin la vie et les actions de ces grandes âmes avec les diverses circonstances de leur supplice. Ces écrits, vénérés à l'égal des tombeaux qui renfermaient les corps des Saints, et placés auprès de leurs reliques, ont été religieusement conservés par les générations ; et c'est ainsi que les actes des Martyrs sont venus jusqu'à nous.

Du reste, l'Église de Jésus-Christ marchait ici sur les traces de la Synagogue. Dieu lui-même avait ordonné à Moïse d'écrire l'histoire de son peuple. Chaque âge, chaque héros eut une place réservée dans nos saints livres ; après bien des siècles écoulés, nous relisons avec bonheur ces pages sublimes et immortelles, preuves indubitables de notre Foi. Grâce à elles, nous pouvons parcourir la voie non interrompue qui, partant du Paradis terrestre, relie l'ancien Testament au nouveau, le Judaïsme au Christianisme.

Dans les siècles qui ont suivi, l'Église s'est montrée constamment fidèle à cette sainte tradition. Le sang fécond des Martyrs ayant multiplié parmi les nations le nombre des adorateurs du Christ, chaque peuple, chaque siècle eut ses apôtres infatigables, ses docteurs intrépides ; partout se révélèrent des femmes fortes, des vierges généreuses ; et, à mesure qu'une de ces âmes héroïques quittait l'exil pour la Patrie, l'Église, après avoir désigné une place d'honneur pour son corps, lui assurait une place immortelle dans le souvenir de ses enfants, en faisant écrire soigneusement l'histoire de sa vie. Ces reliques morales, non moins précieuses que celles que l'on exhume de la tombe, forment l'une des principales richesses de notre sainte Religion.

Si l'on relit avec bonheur, dans les galeries souterraines de Rome, ces milliers d'inscriptions gravées sur la tombe des athlètes de la Foi ; si nous nous arrêtons souvent devant ces pierres sépulcrales enchâssées dans nos Basiliques ou nos Abbayes, comme des pierres précieuses dans un écrin, nous ne sommes pas moins heureux de retrouver dans les bibliothèques poudreuses, ou mieux encore de voir fréquemment en des mains chrétiennes les vies des âmes saintes qui nous ont précédés. Nous revoyons avec joie ces histoires, comme des titres de noblesse dont tout chrétien peut à bon droit s'enorgueillir, et nous y trouvons de plus l'exemple de ce que nous devons faire pour arriver à la même perfection.

Il est des heures dans la vie où l'âme, comme accablée sous le poids de la matière, ne se sent plus le courage de poursuivre son chemin, et se dit : « Les Saints n'avaient pas tant à souffrir, ils n'avaient pas ces épreuves ou ces contradictions ; ou bien encore : ils ont vécu dans un temps où il était plus facile de triompher des obstacles extérieurs. Dans le siècle où nous sommes, dans la situation où je me trouve, il est impossible de pratiquer les vertus que l'Évangile commande. »

A ces cris de la faiblesse humaine l'Église répond d'abord en nous montrant la Croix, dominant toujours la vie du chrétien, comme elle couronne les édifices sacrés. Ensuite, comme une tendre mère, elle nous fait voir, dans ceux qui nous ont précédés, les mêmes combats, les mêmes épreuves glorieusement surmontées, afin qu'à leur exemple nous puissions sortir victorieux de la lutte. Elle ne se borne pas à faire revivre pour nous les grandes figures des premiers âges de notre Foi ; à côté des Basile, des Augustin et des Monique, surgissent les Dominique, les François d'Assise, les Thérèse, les Françoise de Chantal, les Marie-Marguerite. — Que dis-je ? nous voyons resplendir la sainteté en ceux qui ont été nos contemporains, et dont la vie, à peine comme en son écorce, laisse entrevoir, à qui sait ou peut la pénétrer, une sève cachée, une vigueur divine et tout intérieure, plus admirable cent fois que les œuvres et les actions les plus admirées du monde. Il nous suffira de nommer le saint Curé d'Ars, et plus près de nous, dans notre diocèse, les saints abbés Montel, Soulas, Coural et autres encore. Or, il y a toujours une efficacité spéciale dans les exemples de ceux qui ont vécu de notre temps, de ceux-là surtout que nous avons vus de près.

Ces modèles, pris autour de nous, à notre époque et même dans nos rangs, s'imposent à notre particulière affection. En les honorant, nous leur rendons justice, et nous imitons le zélé Prélat, dont l'âme, saintement éprise de tout ce qui est beau, moissonne les souvenirs, recueille les gloires, enchâsse les reliques de nos pères, restaure le culte oublié de quelques-uns de nos Saints, disputant à l'oubli et au temps un illustre passé, pour y relier l'avenir que son épiscopat promet et prépare à l'Église de Montpellier. Son âme apostolique l'a porté bientôt jusqu'aux extrémités les plus reculées du diocèse. Il n'est pas de brebis de ce vaste bercail qui, après un petit nombre d'années, n'ait pu voir et contempler la douce figure de ce bon pasteur. Sa parole émue nous redit les noms bénis des évêques qui ont illustré les divers siéges du diocèse, et ses vertus nous les montrent toujours vivants.

Dans sa première visite à Vendémian, Mgr de Cabrières a respiré le parfum de sainteté qu'exhale encore, près de vingt ans après son trépas, Mlle Noémi Cellier, dans la paroisse où se sont écoulés ses jours, où reposent ses restes. Le pieux Pontife, touché des regrets persistants, du concert de louanges que Vendimian donne à cette mémoire sympathique et vénérée, a manifesté le désir de voir la vie de *notre* sainte exposée dans un récit digne d'elle.

Invitée à entreprendre ce travail, nous avons tout d'abord hésité, parce que nous le savions au-dessus de nos forces, malgré le charme qu'il avait pour notre cœur d'amie dévouée. Il n'y a que les saints qui puissent dignement parler des saints, et il n'a pas moins fallu qu'un sentiment de profonde déférence pour nous déterminer à accepter une tâche si délicate et si difficile ; du reste, notre part se réduira à recueillir les détails de cette existence si bien remplie, à moissonner dans les notes précieusement conservées par la famille, à laisser parler les faits, plus éloquents que tous les commentaires, et à n'être plus que le ciment nécessaire pour relier entr'elles les diverses pièces du monument qu'on nous a demandé d'élever à la mémoire de Mlle Noémi Cellier, de Vendémian.

Nous déclarons d'avance que s'il était échappé à notre plume inexpérimentée quelque expression, quelque proposition inexacte, contraire ou peu conforme à l'enseignement de notre sainte Mère l'Église catholique, apostolique, romaine, nous la désavouons entièrement.

VIE

DE

MLLE NOÉMI CELLIER

CHAPITRE PREMIER

La famille Cellier. — Naissance de Noémi

La vie de Mlle Noémi, que nous essayons de retracer, s'est écoulée tout entière dans un modeste village du diocèse de Montpellier. Puisse notre récit y conserver après sa mort le souvenir de ses vertus, y perpétuer l'influence de ses exemples et susciter dans les lieux où elle vécut des imitatrices nombreuses.

Mlle Noémi Cellier naquit à Vendémian le 25 septembre 1807. Depuis une époque reculée, que nous ne pouvons pas préciser, sa famille y occupait une position tout à fait prépondérante ; elle la devait, plus encore qu'à sa fortune, à des traditions de foi soigneusement transmises, et à une sorte d'apostolat religieux et bienfaisant qu'elle a constamment exercé autour d'elle.

Au sortir de la Révolution, M. Pierre Cellier se trouvait le chef et le représentant de cette famille. Dans la simple dignité de sa vie, vouée tout entière à l'accomplissement de tous ses devoirs, par sa bienfaisance, sa foi, ses vertus, il s'était acquis, sans la rechercher, la vénération de tous. Dans la charge de maire qu'il remplit durant de longues années, il eut bien souvent l'occasion de faire apprécier sa droiture ; il rendait la justice et réglait les différends avec un sens et un tact remarquables ; il excellait à réconcilier les contendants ; peu de querelles résistaient à l'ascendant de sa douce et paternelle autorité ; et l'on assure que pendant la durée de sa longue administration, aucune affaire n'arriva jusqu'au juge-de-paix.

Quand l'âge de son fils Calixte put le lui permettre, il se déchargea à peu près complétement sur lui du soin de diriger les travaux de l'agriculture, afin, disait-il, d'avoir plus de temps pour penser à son âme et à son éternité. Quoiqu'il eût toujours loyalement et fidèlement pratiqué ses devoirs religieux, il lui sembla néanmoins dans sa vieillesse que c'était peu, et il voulut dans sa vie de chaque jour faire une plus large part aux exercices de la piété. Il se traça donc un plan de vie chrétienne, et il y fut scrupuleusement fidèle jusqu'à sa mort. Levé de grand matin, il consacrait tous les jours une heure à l'oraison avant la sainte Messe, à laquelle il assistait régulièrement. Il avait contracté l'habitude de réciter l'office canonial et employait à de pieuses lectures toutes les heures libres de la journée. L'*Imitation de Jésus-Christ* était son livre de prédilection et la *Vie des Saints* faisait ses délices.

Le déclin de l'âge ne lui fit en rien diminuer ses austérités ; il observa fidèlement jusqu'à ses derniers jours les abstinences du Carême et les jeûnes de l'année, sans y apporter jamais aucun adoucissement.

Sa vie était une préparation continuelle à la Sainte Eucharistie, qu'il recevait très-souvent, et à la mort, dont il redoutait les surprises. — « Laissez-moi, disait-il, à ceux qui le pressaient d'introduire quelque diversion dans son genre de vie ; un vieillard ne doit que prier le bon Dieu, et penser à bien mourir. » Ceux qui avaient été les témoins de son existence active et laborieuse et qui le savaient encore toujours prêt à la dépenser pour tous, le laissaient, avec un sentiment de vénération profonde, en consacrer les restes au soin de sa sanctification.

D'ailleurs les pensées sérieuses n'altéraient en rien la calme sérénité de ce patriarche, ni l'aimable gaieté de ses entretiens. Il avait toujours une bonne parole pour chacun, un bon conseil en toute occasion. Toujours maître de lui-même, toujours occupé de Dieu, il répandait autour de lui la paix et la douce suavité dont son âme était remplie.

Une grande épreuve frappa ses dernières années. Ce fils sur lequel il aimait à reposer ainsi sa vieillesse, lui fut enlevé à la fleur de l'âge. Ce coup pouvait l'accabler ; on le craignit, on savait la tendresse de son cœur. Mais la foi du vieillard fut plus forte que l'épreuve ; et, soutenu par le sentiment du devoir, il reprit avec le courage d'un chrétien consommé l'administration de ses biens et les occupations qu'il avait depuis longtemps abandonnées ; il s'appliqua surtout à la direction de ses petits-fils, et les enfants de M. Calixte purent croire qu'ils avaient toujours leur père.

Mais cette nouvelle phase d'activité ne devait pas durer longtemps. Le fruit était mûr, et Dieu se hâta de le cueillir pour le ciel, où M. Cellier alla deux ans après rejoindre son fils. Son passage de ce monde à l'autre se fit sans secousse. Sa dernière maladie ne dura que trois jours ; ce digne chrétien comprit, dès les premières atteintes, que le signal du départ lui était donné, et sa lampe à la main, il attendit avec foi la visite de son Dieu. Quand l'heure suprême sonna, ce fut avec une **v**éritable allégresse qu'il dit adieu à la terre, pour aller contempler dans la gloire celui qu'il avait possédé par la grâce. Malgré la violence du mal, il avait pu maîtriser la souffrance et continuer sa vie de prière. Le soir de sa dernière journée, ayant terminé ses exercices de piété, il dit à sa chère Noémi : Je voudrais commencer l'office de demain. — Eh bien ! oui, lui dit-elle, nous allons ensemble réciter Matines ; et elle commence : *Domine labia mea aperies.* Le saint mourant put répondre : *Et os meum annuntiabit laudem tuam* (1). Mais à peine avait-il achevé d'une voix

(1) ℣. Seigneur, vous ouvrirez mes lèvres,
℟. Et ma bouche publiera vos louanges.

éteinte ces paroles du prophète, qu'il exhala son dernier souffle ; et la pieuse fille disait plus tard : « Papa avait commencé Matines avec moi ; il est allé les continuer avec les Anges. »

M. Cellier avait eu le précieux avantage de rencontrer pour coopératrice dans le bien une épouse digne de lui, Éléonore de Gesseau, femme d'une intelligence peu commune, d'un caractère vif, énergique, mais sachant allier la douceur à la fermeté et la prière au travail. Elle se faisait aimer et chérir de ceux qui l'entouraient, et imprimait à l'intérieur de la maison le cachet d'une excellente administration. Vrai portrait de la femme forte, elle secondait à la fois son mari dans la gestion des biens, dans la direction de la famille et dans l'accomplissement des bonnes œuvres. Dieu bénit cette union par la naissance de cinq enfants. L'aîné fut cueilli dans son jeune âge et offert au Père céleste, comme prémices, par la mère désolée, mais généreuse. — La seconde, Caroline, d'une beauté remarquable, mourut à 18 ans ; cette fois le sacrifice fut plus douloureux ; on peut même dire que la blessure ne se ferma jamais. Venaient ensuite Calixte que nous avons déjà nommé, Noémi, dont nous allons retracer la vie, et Aglaé (Mme Joulié), qui vit encore.

CHAPITRE II

Premières années de Noémi

Avant de parler de Mlle Noémi, nous avons cru devoir entrer dans quelques détails sur sa famille, et faire connaître la tige d'où est sortie une si belle fleur. Noémi trouva au foyer domestique tous les exemples des vertus chrétiennes, et sa vie entière fut la pratique constante de ce que ses parents lui avaient inculqué, par leurs actions autant que par leurs conseils.

Dans notre siècle, où, après avoir banni Dieu de la société, on travaille encore, toujours au nom du progrès, à le chasser de l'école, de la famille, du sanctuaire de la justice et d'ailleurs pour le confiner dans nos églises, on ne peut méconnaître cependant, devant l'évidence des faits, l'heureuse influence qu'ont sur la vie entière les principes religieux reçus dans les premières années. La vie de Mlle Noémi est un exemple de plus à opposer aux assertions de l'impiété.

Mme Cellier, qui comprenait parfaitement ses devoirs de mère chrétienne, ne voulut céder à personne le soin de la première éducation de ses enfants. De même qu'elle les avait tous nourris de son lait, elle voulut aussi leur donner elle-même à tous les premiers éléments d'instruction. Elle mit donc tous ses soins à développer leur intelligence et à tourner vers Dieu les premiers élans de leur cœur. Et comme elle était douée d'un tact exquis et d'une tendresse qui n'excluait point l'autorité, elle réussit toujours à s'attacher ces jeunes âmes en même temps qu'à se faire obéir. Ses moindres avis, ses sages remontrances étaient religieusement écoutées, et s'imprimaient dans l'esprit de ses enfants comme dans une cire molle.

Mme Cellier éleva donc toute seule ses enfants pendant leurs premières années. Plus tard, elle s'adjoignit un précepteur, M. Nougarède, homme recommandable par ses sentiments et ses connaissances ; elle put ainsi continuer à les avoir sous ses yeux jusqu'au moment où elle dut se séparer d'eux pour les envoyer en pension.

Ces enfants étaient tous bons, et Noémi se fit remarquer de bonne heure par la rectitude de son jugement et la vivacité de son esprit. Avec un caractère gai jusqu'à l'espièglerie, elle montrait déjà des goûts bien différents de ceux des enfants ordinaires; les jeux propres à cet âge ne l'intéressaient point. Jamais elle n'eut une poupée entre les mains. Il lui fallut des amusements d'un autre caractère. Grimper sur les arbres, marcher sur les murs de clôture du jardin, monter à cheval dès qu'elle le put, tels étaient ses exercices de prédilection ; mais elle aimait surtout accompagner sa tante, Mlle Cellier, chez les malades et les pauvres. Cette tante, sœur de M. Pierre Cellier, mais d'un âge plus avancé, fascinait la jeune fille par l'attrait irrésistible d'un apostolat dans lequel elle devait lui succéder.

A cette époque (1816), Vendémian, comme plusieurs autres paroisses, n'avait pas de pasteur. Les vides que la Terreur avait faits dans les rangs du Clergé n'avaient pu être encore entièrement comblés, malgré le zèle de NN. SS. Rollet et Fournier pour repeupler les séminaires, et bien des paroisses étaient en souffrance. Les habitants de Vendémian allaient à St-Bauzille-de-la-Sylve assister à l'office divin et recevoir les sacrements. Malgré leur bon esprit, cette absence de prêtre dans une paroisse de campagne pouvait avoir de graves conséquences : l'ignorance profonde de notre religion, l'indifférence, l'oubli des saints mystères. Mlle Cellier, que nous venons de nommer, sembla suscitée par la Providence pour y remédier. Avec un dévouement absolu, elle se fit l'humble et intrépide catéchiste de cette population. Chaque jour elle avait ses heures réservées pour l'enseignement des vérités saintes. Elle y admettait, elle y appelait les personnes de tout âge ; mais elle avait un soin particulier des enfants et des illettrés, pour lesquels elle avait traduit en patois du pays le catéchisme du diocèse. Le bien ainsi accompli par Mlle Cellier était déjà grand, mais Mlle Noémi devait l'étendre davantage. Avant de devenir la coadjutrice de sa tante et d'être associée à son apostolat, elle eut le bonheur d'être formée par ses leçons. C'est Mlle Cellier qui prépara sa nièce à .la première communion. Et comme ici son zèle ne rencontrait point d'obstacles, elle répandit avec abondance la semence de la vérité et du bien sur cette terre bonne et excellente qui devait, avec le temps et la grâce de Dieu, produire au centuple. De son côté, la digne mère, qui avait si soigneusement cultivé jusque là l'âme de cette chère enfant, était heureuse de la voir suivre avec tant de docilité et un si vif attrait les instructions de la sainte fille qui était sa belle-sœur; elle y joignait aussi ses conseils et ne négligeait rien pour orner le tabernacle que Dieu allait bientôt habiter.

Grâce aux enseignements de sa mère et de sa tante, Noémi avançait rapidement dans la connaissance des vérités chrétiennes. Elle comprenait l'importance de l'action qu'elle allait faire, et s'y préparait avec une gravité bien au-dessus de son âge. Enfin, le grand jour arriva ! Ce fut le 18 juin 1820, dernier jour de l'Octave de la Fête-Dieu, qu'elle eut le bonheur de s'asseoir pour la première fois au banquet eucharistique. La cérémonie eut lieu à Saint-Bauzille, dont M. Rémézy était curé. La mère et la tante de la jeune communiante, qui étaient comme ses deux anges gardiens, l'y accompagnèrent, ainsi que son bon père et toute la famille. Le recueillement de la chère enfant fut pour tous un sujet d'édification. Toute pénétrée de l'inappréciable grandeur de la grâce qui venait de lui être accordée, elle ne semblait plus appartenir à la terre. Elle n'a jamais trahi le secret de ses impressions, mais on voyait bien qu'elles avaient été profondes, et il fut manifeste, à compter de ce moment, que le Dieu qui venait de se donner à elle, avait pris de son cœur une complète possession. Ce jour compta parmi les plus beaux de sa vie, et jusqu'à sa mort elle ne manqua jamais d'en célébrer pieusement l'anniversaire.

Malgré le sérieux de ses sentiments et de ses résolutions, Noémi fut néanmoins toujours la même enfant rieuse et enjouée ; rien ne fut changé dans sa vie extérieure ; seulement Dieu habitait son âme, et la pieuse jeune fille lui avait élevé un trône dans la cellule intime dont parle Sainte Catherine de Sienne ; on pouvait comprendre à des indices certains que ses pensées et ses actions convergeaient sans cesse vers ce centre divin.

Mme Cellier, quelque zèle et quelque intelligence qu'elle y apportât, ne tarda pas à reconnaître qu'elle ne pouvait compléter l'éducation de ses enfants, et elle dut un jour se séparer d'eux. Calixte fut envoyé au collége, on confia Caroline et Noémi à des mains éminemment capables de continuer l'œuvre si heureusement commencée. Les communautés religieuses qui fleurissent aujourd'hui à Montpellier, rentraient à peine, à cette époque, dans les saints asiles d'où les avaient chassées la Révolution. Leurs membres s'étaient dispersés pour échapper à la prison et à l'échafaud ; ils se rassemblaient maintenant et revenaient de l'exil vers leurs cellules, en chantant l'*Hosanna* de la délivrance. De nombreuses vierges, impatientes de se consacrer à Dieu, se groupaient autour d'eux et venaient grossir leurs rangs.

Les Dames du Saint-Enfant Jésus, plus connues sous le nom de Dames de Saint-Maur ou de Dames Noires, spécialement vouées à l'éducation des jeunes personnes, furent des premières à reprendre leur place. Le Prélat, de grande et vénérable mémoire, qui était alors à la tête du diocèse, Mgr Fournier, appréciant l'utilité de leur concours pour le renouvellement spirituel de son peuple, mit tout en œuvre pour les introduire dans leur ancienne maison de la Tour des Pins. Secondé par M. Coustou, son éminent grand-vicaire, il fut pendant longtemps la seconde providence de cette communauté ; et les meilleures familles du diocèse, suivant l'impulsion donnée par le premier pasteur, se hâtèrent de confier à ces Dames leurs enfants. Mme Cellier ne pouvait faire un choix plus heureux pour ses filles. Le 1er octobre 1820, elle alla placer elle-même comme un dépôt précieux sa chère Noémi entre les mains de Mme Rivière, qui était supérieure, et de Mme Saint-Maur, assistante.

On dit bien souvent que la vie d'une jeune personne au couvent annonce ce qu'elle sera dans le monde ; cette vérité s'est entièrement réalisée pour Noémi. Entrée au couvent, elle s'appliqua à l'étude avec toute l'activité de sa riche nature, en même temps qu'elle assouplissait son caractère à toutes les exigences de la discipline ; jamais elle ne fit à la règle la moindre infraction ; aussi Mme Saint-Philippe de Vacquié, religieuse d'un mérite éminent, fondatrice et supérieure de la maison actuelle du Courreau, qui avait été sa maîtresse à la première classe, nous disait-elle souvent :

« Noémi n'a jamais été punie, jamais elle n'a été trouvée en défaut. » Et dans les entretiens intimes du jeudi, où cette digne et bien aimée Mère nous parlait, avec tant de sagesse et d'onction, de nos devoirs envers Dieu, la société et nous-mêmes, après trente ans, le nom de sa chère Noémi revenait encore souvent sur ses lèvres, comme un exemple qu'elle ne se lassait jamais de nous proposer. Quand elle nous avait, avec son grand cœur et une délicatesse exquise, présenté le tableau de la femme parfaite, elle nous la montrait réalisée dans Noémi : « Ici, disait-elle, elle faisait bien tout ce qu'elle faisait ; dans le monde, elle est parfaite en tout. »

Loin qu'aucune singularité se mêlât à tant d'application et de régularité, Noémi était l'élève la plus enjouée de la maison. Son caractère franc et aimable lui gagnait tous les cœurs; elle n'était pas seulement aimée de ses maîtresses, mais on peut dire qu'elle comptait autant d'amies que la maison avait d'élèves. Sa rentrée au couvent, après les vacances, était une joie pour tout le monde. Plusieurs de ses amies qui vivent encore — et nous nous permettons de nommer Mme Dufour de la Vernède — ont gardé de ce temps, et de l'universelle sympathie dont Noémi était l'objet, un très-bon souvenir.

Les dignes et excellentes religieuses avaient discerné dès les premiers temps le trésor que Dieu avait mis entre leurs mains, et elles s'appliquèrent à seconder l'action de la grâce. Afin de fournir un aliment de plus à la piété si agissante de leur chère élève, elles lui confièrent le soin de la Sacristie ; c'était la servir selon ses goûts. Combien elle était heureuse de consacrer ses récréations à entretenir la propreté dans la maison de Dieu, à orner les autels ! Mme Saint-Philippe, dont nous aimons à citer encore le témoignage, nous a répété bien des fois qu'elle l'admirait pendant qu'elle remplissait cette charge, et qu'elle était ravie de se trouver ainsi édifiée par une jeune fille de quinze ans.

Du reste, ainsi que nous l'avons dit, elle faisait bien tout ce qu'elle faisait. Jouait-on une pièce, dans une fête de famille, c'était elle qu'on chargeait du rôle le plus difficile ; et dans ces circonstances, la présence même de Mgr Fournier, qui se faisait souvent un plaisir d'assister à ces séances, ne l'intimidait pas, ne lui ôtait rien de son assurance. Un jour, elle représenta devant Sa Grandeur le personnage de *la Religion* avec tant de noblesse et de dignité dans le maintien, tant de modestie dans la démarche, avec une parole et un accent si convaincus et si fermes, que l'Évêque lui-même en fut frappé. Ayant demandé à ces dames qui était cette admirable jeune fille, il voulut la voir de près et la complimenter lui-même. « Mon enfant, lui dit-il en souriant, si jamais vous avez une faveur à demander à votre Évêque, il vous donne sa parole que *la Religion* n'éprouvera pas un refus. » On verra plus tard comment Noémi eut occasion d'invoquer cette promesse.

CHAPITRE III

Entrée de Noémi dans le monde

Noémi termina son éducation en 1823. Avant de rentrer dans le monde, elle eut soin de se prémunir contre les dangers qu'elle allait y rencontrer. Comme le guerrier, avant le combat, se trace un plan de campagne, choisit ses armes et prépare ses moyens d'attaque ou de défense, ainsi elle fixa dans son cœur les résolutions qui devaient soutenir sa volonté. Nous avons pu retrouver ces résolutions écrites de sa main : elles ne diffèrent guère de celles que l'on prend communément en semblables circonstances ; seulement, sa constante fidélité à les observer nous est un sûr garant de la fermeté toute particulière de sa volonté, au moment où elle les formula.

Sa pensée néanmoins s'élargit à la fin ; son plan de bataille n'est pas seulement défensif ; pour éviter le mal, elle trouve que le mieux est de se proposer le bien (1), et que pour réussir à faire le bien pour soi, le plus sûr est encore de le faire pour d'autres. — Aussi le but qu'elle assigne à sa vie, même dès cette

____

(1) *Declina à malo et fac bonum.* Détournez-vous du mal et faites le bien. *(Ps.)*

époque, est de se dépenser pour tous, de glorifier Dieu en servant le prochain, de sanctifier son âme en se dévouant à la sanctification des autres ; c'est déjà son rêve, ce sera sa passion ; et pour entretenir la ferveur de ses sentiments et réparer les pertes qu'ils pourraient subir, elle s'engage à faire tous les ans une retraite de huit jours.

Elle arriva donc à Vendémian, impatiente d'exercer son zèle. Le champ n'était pas vaste, mais en revanche il était à peu près inculte. Sa bonne tante Cellier vivait encore ; elle continuait à être le catéchiste et la sœur de charité de la Paroisse, mais le poids des années et des infirmités lui rendaient de jour en jour plus difficile l'accomplissement de la tâche qu'elle s'était de tout temps imposée et qui avait été si honorablement et si utilement remplie ; aussi en entendant sa jeune nièce, grandie maintenant, s'offrir à reprendre auprès d'elle ses anciennes fonctions d'auxiliaire, elle bénit Dieu et l'accepta avec bonheur. Elle comprit que cette enfant était destinée à la remplacer dans sa vie toute de dévouement ; et la pressant sur son cœur avec une tendresse et une joie indicibles, elle dit à Dieu, dans son transport, comme le saint vieillard Siméon. « Maintenant, Seigneur, vous pouvez appeler à vous votre servante, puisque mes yeux ont vu celle qui doit continuer mon œuvre. »

Ce qui toucha le plus Noémi, en revoyant sa paroisse, ce fut de la trouver encore sans pasteur. Trois prêtres, cependant, lui avaient été successivement donnés ; mais, pour des motifs qu'il ne nous appartient pas d'apprécier, l'administration diocésaine avait dû les retirer en peu de temps, et même l'Évêque semblait s'être promis de ne pas les remplacer. Les habitants étaient donc obligés, comme au temps malheureux qui avait immédiatement suivi la Révolution, d'aller assister aux offices du dimanche dans les villages voisins. La pieuse jeune fille, dont l'exubérante activité se serait assez facilement accommodée, pour son propre compte, des courses rendues nécessaires par une telle situation, en était désolée pour la paroisse. Cependant le Maire et plusieurs députations avaient tenté des démarches qui avaient toujours échoué : l'Évêque s'était constamment montré inflexible. Profondement découragés par ces insuccès, les habitants souffraient en silence. Ils eurent cependant, un jour, la pensée d'envoyer à Monseigneur Fournier la jeune Noémi, qu'ils voyaient attristée plus que personne de cette situation.

Quelque hardie que pût paraître cette démarche, il y avait en cette jeune fille une décision de caractère qui ne dut pas la lui faire trouver trop difficile. Ce manque de secours religieux, bien qu'il lui fût si pénible, n'aurait pas suffi pour la déterminer à accepter une mission assez extraordinaire, on en conviendra, pour une jeune personne ; mais, dans cet appel de ses concitoyens, elle crut entendre la voix de Dieu ; elle partit.

Introduite auprès de Sa Grandeur, Noémi lui représenta l'état spirituel de Vendémian, les souffrances morales de ses concitoyens, et la supplia de remédier à de si grands maux : l'Évêque persistait dans sa résolution.

Voyant que ses prières et ses supplications étaient vaines : « Monseigneur, lui dit-elle, il y avait naguère, chez les Dames de Saint-Maur, une élève qui a personnifié un jour devant vous la *Religion*. Votre Grandeur a daigné lui faire une promesse ; c'est la *Religion* aujourd'hui qui vous implore et qui vous demande un curé pour une paroisse malheureuse. Monseigneur, j'ai votre parole, et je vous demande cette faveur ! »

Le noble Évêque qui, sous les accents de cette sainte hardiesse, retrouvait, augmentées par une douleur vraie et toute surnaturelle, les vibrations d'une âme pleine de piété et de foi, en fut tout ému : « Mon enfant, lui dit-il, je vous donnerai un curé. » Et lui faisant raconter tout ce qui s'était passé, il eut occasion d'admirer encore plus et son intelligence précoce, et la droiture de son esprit, et snrtout la grandeur de son dévouement au bien.

Quelques jours après, M. l'abbé Grimal faisait son entrée à Vendémian.

CHAPITRE IV

Désir de la vie religieuse

Voilà donc Noémi entrée résolument dans sa voie ! Dieu lui-même l'avait manifestement conduite dans la première étape de sa vie. En offrant à son activité, dès son entrée dans le monde, des œuvres de zèle à accomplir, il avait imprimé à cette activité la forme qu'elle devait garder jusqu'à la fin, et la pieuse jeune fille, qui s'était donnée au bon Maître pour être sa servante, était radieuse d'avoir pu réussir à obtenir un ouvrier pour cultiver cette portion de la vigne du Seigneur. Désormais la crainte, l'irrésolution, qui, comme autant de liens, pouvaient la retenir au rivage, sont rompus ; le navire peut gagner le large, voguer à pleines voiles et jeter les filets partout. Une voix semble dire à la jeune fille, à l'oreille du cœur : « Allez, vous serez pêcheur d'hommes ! »

Toutefois, cette vocation sera longtemps encore combattue par le désir de quitter le monde. Elle en redoutait extrêmement les écueils, et, dans la crainte que ses résolutions ne vinssent s'y briser, elle désirait ne pas s'exposer au danger. Son propre caractère même se mettait au rang des ennemis spirituels de son âme. Naturellement vif, impérieux, attaché à sa volonté propre, il devenait un écueil formidable pour la patience et l'obéissance.

Elle s'examina sérieusement sur ce point, dans la première retraite qu'elle fit après sa sortie du couvent, en décembre 1823, et malgré le plaisir qu'elle avait de faire du bien autour d'elle, désirant, avant tout, assurer son salut, elle prit la résolution de se consacrer à Dieu dans la Communauté du Saint-Enfant Jésus où elle avait été élevée, et d'y rentrer comme aspirante à la vie religieuse dès qu'elle le pourrait. Voici du reste ses résolutions écrites de sa main :

« Quelle grande grâce Dieu m'a faite en m'appelant
» à passer dans cette maison huit jours de retraite! Il
» m'a fait goûter ainsi le bonheur qu'il y a à vivre
» loin du monde, où je ne puis trouver aucun plaisir
» vrai, puisqu'il n'existe que dans le service de Dieu.
» Il a bien voulu aussi parler à mon cœur et me faire
» connaître d'une manière intime le néant des joies du
» monde, leur peu de durée; tandis qu'au contraire,
» le bonheur que l'on trouve à servir et à aimer Notre
» Seigneur ne finit jamais, ne peut être détruit par la
» mort, puisque nous continuerons à l'aimer dans l'Éter-
» nité, si nous avons été fidèles jusqu'au dernier mo-
» ment. Comme tout dépend de ce moment suprême,
» je dois y penser souvent, afin de n'être pas surprise
» et de mériter la récompense promise à la fidélité.

» Ce Dieu si bon, après m'avoir fait connaître les
» périls qu'on trouve dans le monde, m'a inspiré le
» désir de le quitter; c'est pourquoi je prends de nou-

» veau la résolution de me consacrer à lui dans la Com-
» munauté du Saint-Enfant Jésus ; mais comme je suis
» indigne d'une faveur si grande, qui est ordinaire-
» ment la récompense des âmes généreuses, je ferai
» tous mes efforts pour la mériter. — Je prends donc
» la résolution de mieux travailler à ma sanctification
» et d'immoler à Jésus tout ce que j'ai de plus cher
» au monde, afin d'être digne de devenir son épouse
» et de n'aimer que lui seul. J'ai la douce confiance
» qu'il m'aidera de sa grâce pour triompher de tous
» les obstacles que j'aurai à surmonter. En même
» temps que je me détacherai de tout ce qui est créé
» pour ne m'attacher qu'à lui, j'éviterai toute faute
» volontaire, je me corrigerai de mes défauts et je
» m'exercerai à pratiquer les vertus qui leur sont
» contraires ; je ne passerai pas un seul jour sans
» remporter quelque victoire sur moi-même. »

Puis, passant en revue les résolutions qu'elle a prises avant de rentrer dans sa famille, elle les con-
firme :

« En m'éveillant, dit-elle, ma première pensée sera
» pour Dieu ; je m'habillerai comme sous ses yeux et
» ferai ensuite ma prière avec respect et modestie,
» pensant que c'est la plus ingrate des créatures qui
» parle à son Dieu. Je songerai à prévoir les occasions
» que je pourrai avoir de l'offenser dans la journée,
» et demanderai sa grâce pour les éviter. J'assisterai
» au saint sacrifice de la messe avec la plus grande
» ferveur, comme si j'étais au Calvaire, au pied de la
» croix de mon Sauveur ; je l'adorerai, le remercierai,

» et lui demanderai toutes les grâces qui me sont né-
» cessaires ; je prierai aussi pour mon prochain et
» pour les fidèles trépassés. Quand je n'aurai pas le
» bonheur de communier sacramentellement, j'y sup-
» pléerai par la communion spirituelle.

» Avant de commencer la moindre action, je l'of-
» frirai à Dieu ; j'élèverai souvent mon cœur vers lui
» et me rappellerai sa sainte présence. A midi, je re-
» nouvellerai mes hommages ; à quatre heures, j'irai
» l'adorer devant son saint Tabernacle ; le soir, j'exa-
» minerai si pendant la journée j'ai fait quelque chose
» pour son amour ; si je n'ai rien fait, je regarderai
» cette journée comme perdue pour l'Éternité, j'en
» demanderai pardon à Dieu et je tâcherai de le ré-
» parer le lendemain.

» En ne faisant rien qui puisse vous déplaire, ô mon
» Dieu, peut-être pourrai-je mériter que vous parliez
» encore à mon cœur pour me faire mieux connaître
» votre sainte volonté. Aidez-moi, Seigneur, afin que
» j'accomplisse fidèlement les résolutions que j'ai pri-
» ses. Voyez ma faiblesse, daignez me secourir.

» Mon âme chantera à jamais vos miséricordes, et
» mon cœur brûlera de votre amour. J'ai mis, Sei-
» gneur, mon espérance en vous, je ne serai pas
» confondue ! »

Dieu, qui voulait donner au zèle de Noémi un champ
plus vaste, ne permit pas qu'elle pût réaliser ses désirs de vie religieuse. Il lui suscitait sans cesse quelque nouvel obstacle, ce qui lui faisait dire : « J'ai été
cent fois à la porte du couvent, et je n'ai jamais pu y

entrer ! » Elle eut voulu s'y enfermer comme dans une serre, afin d'être à l'abri des orages, et Dieu se plut à laisser croître ce beau lis au milieu des épines, afin d'augmenter ses mérites; sans doute aussi pour le bien de la paroisse et pour offrir un modèle aux âmes qui seraient appelées à marcher dans la même voie.

Ce désir de la vie religieuse s'établit profondément dans son cœur, et devint après Dieu le centre vers lequel convergeaient toutes ses pensées et ses affections. — Quand elle allait à Montpellier, elle s'empressait de se rendre au monastère de la Visitation, pour offrir ses services aux religieuses malades, « afin, disait-elle, de pouvoir passer quelques heures dans les murs d'un couvent. » Quand elle découvrait des germes de vocation dans une jeune personne, elle mettait tout en œuvre pour lui faciliter l'entrée en religion, et en procurant ce bonheur à d'autres, elle semblait se dédommager d'avoir dû en faire le sacrifice pour elle-même.

Elle ne le fit toutefois qu'après bien des tentatives infructueuses. Son cœur en fut déchiré. Tout en courbant la tête sous la volonté de Dieu et adorant ses desseins, elle en garda toute sa vie le regret intime. Elle pensa que c'était à cause de ses infidélités que Dieu la privait de cette grâce, par elle si grandement estimée, si inutilement désirée, et ce sentiment fut pour elle une source continuelle de confusion. Plus tard, ses Directeurs durent s'appliquer à calmer ses scrupules à ce sujet ; comme elle voyait en eux Dieu lui-même, elle accepta leur décision, se rési-

gna à surmonter un attrait qui avait été presque irrésistible d'abord, et tâcha de mener dans le monde
la vie du couvent, en visant au plus haut degré de
sainteté qu'il lui serait possible d'atteindre

On vit bien d'ailleurs que telle était la volonté de
Dieu sur elle, et l'on peut dire qu'il ne lui refusa, dans
cet état, ni les grâces, ni les épreuves qui pouvaient
perfectionner sa vertu. Les obstacles qu'elle rencontra autour d'elle ou en elle-même devinrent comme
autant d'instruments de supplice, sa vie ne fut qu'un
martyre intérieur. Peut-être faut-il reconnaître, avec
ceux qui l'ont approchée de plus près et plus intimement connue, que sa mort fut la conséquence de la
lutte incessante, autant que courageuse, dont son âme
était en secret le théâtre. Toujours l'œil ouvert sur
elle-même, elle ne se pardonnait pas la moindre infi-
délité. Suivant l'avis de Ste Thérèse, elle visait plus
haut qu'elle ne pouvait atteindre, et elle s'en voulait
si elle n'arrivait pas au point proposé. Tandis que
ceux qui la connaissaient plus intimement étaient
comme confondus par le spectacle de sa vaillance,
elle se considérait, au contraire, comme une grande
criminelle, indigne de vivre, comme la plus misérable
des créatures. La crainte de ne pas correspondre
aux grâces de Dieu comme elle eut dû le faire, lui
causait une peine continuelle ; le regret de ne pas
assez travailler à sa sanctification la consumait ; tout,
en un mot, ainsi que nous l'avons dit, contribuait au
martyre de cette âme. Notre Seigneur la traitait
comme il avait voulu être traité lui-même ; il la

faisait marcher dans la voie royale qu'il nous a tracée, en y marchant le premier.

Nous nous trompons bien souvent dans l'idée que nous nous faisons de la vertu ; nous murmurons contre la tentation et l'épreuve, et nous envions le sort de ceux dont l'existence uniforme et le tempérament calme et paisible nous semblent ignorer ce que c'est que le combat. Mais une eau tranquille, qui coule lentement dans la plaine, sur un lit de sable et de gazon, a-t-elle un cours préférable à celle qui descend de la montagne et se fait violemment un lit à travers les cailloux et les rochers ? Pendant que la première se perd dans les terres ou ne peut arriver que lentement à la mer, la seconde, au contraire, poursuivant sa fuite avec impétuosité, arrive plus directement et plus vite à son terme. Ainsi une vie douce, calme, paisible, où les penchants de la nature ne sont pas contrariés, ne s'élève pas d'ordinaire à la hauteur du sacrifice, à la sainte folie de l'immolation. Elle court le danger de ne pas atteindre à la fin dernière. Mais une vie, au contraire, dont chaque pas est un combat, chaque acte une victoire, arrive certainement à la sainteté.

Nous allons recueillir quelques-uns des principaux traits de cette belle vie, afin de les conserver pour la consolation de ceux qui en ont été les heureux témoins, afin aussi de les apprendre, pour leur édification, à ceux qui ne l'ont pas connue. Puisse le nom de Noémi se transmettre dans les familles de Vendémian, d'une génération à l'autre, afin que ceux qui viendront après nous soient heureux de connaître celle qui fut pendant près d'un demi-siècle l'ange tutélaire de la paroisse. Rien n'est indifférent dans la vie des vrais serviteurs de Dieu ; les moindres détails sont comme autant de miettes précieuses qu'il faut recueillir avec soin, afin qu'elles ne se perdent point ; *colligite fragmenta ne pereant*, c'est le Maître qui l'a dit.

CHAPITRE V

Noémi commence sa vie de bonnes œuvres

—◇—

Noémi, quoique nourrissant en son cœur le désir et l'espoir d'entrer en religion, n'abandonna pas pour cela les œuvres de charité auxquelles elle avait commencé de se dévouer ; elle les multipliait, au contraire, avec ardeur, tâchant de grossir sa gerbe spirituelle de tous les épis qu'elle rencontrait sur ses pas. Elle continua donc à accompagner sa pieuse tante chez tous les malades, se prêtant avec plaisir à tous les soins qu'exigeait leur état, ne se trouvant réellement heureuse que quand elle avait pu se dépenser beaucoup. Le bon Maître, content de ses dispositions, l'encouragea dès le début par une de ces consolations qui sont la plus haute récompense des âmes généreuses, par la conversion d'un pécheur obstiné.

Un des anciens domestiques de la maison, Étienne Liron, était gravement malade, et ne voulait pas entendre parler de confession. Noémi va le visiter avec sa tante, et commence par lui témoigner une vraie sympathie. Elle s'intéresse à ses souffrances, lui prodigue ses soins, puis lui parle de son père que cet homme affectionnait beaucoup. Noémi n'avait alors que seize ans ; et cependant son zèle lui fit trouver tant de douceur, de force et de tact, que le malade, tournant enfin ses yeux vers elle, lui dit : « Mademoiselle, j'avais résisté à d'autres ; mais me voilà prêt à faire tout ce que vous voulez. » Il revint sincèrement à Dieu, reçut pieusement les secours de la religion, et jusqu'à sa mort il continua à édifier tous ceux qui l'entouraient.

Encouragé par ce premier succès, Noémi redoubla d'activité, se faisant de plus en plus toute à tous, et déployant au service de tous les malheureux une grandeur d'âme et de dévouement supérieure à son âge. Sa bonne tante ne pouvait plus, à cause de ses infirmités, aller soigner les malades à domicile. Noémi la remplaça entièrement, sans se laisser arrêter par aucune considération, ni effrayer par aucune difficulté.

Elle s'empressait de voir tous les malades ; s'ils étaient pauvres, elle renouvelait plus souvent ses visites, passait la nuit auprès d'eux ; et quand elle était obligée de les quitter, ce n'était qu'après s'être assurée que les mêmes soins leur seraient continués pendant son absence. Quand le médecin arrivait d'un village voisin, c'était elle qui l'accompagnait chez le malade, qui recevait l'ordonnance et la faisait exécuter. Une petite pharmacie qu'elle avait acquise de bonne heure, fournissait aux pauvres les médicaments les plus indispensables, et elle préparait elle-même les plus usuels. Les médecins appelés dans le pays trouvaient en elle un concours intelligent, et ils l'ap-

préciaient si bien, qu'ils ne manquaient pas de la réclamer lorsqu'ils ne la rencontraient pas chez le malade.
Sa constance, son courage et son dévouement étaient
pour eux un sujet d'admiration.

Le docteur Fabre, de Gignac, qui a laissé dans
toute la contrée la réputation d'un praticien consommé, et qui, certes, n'était pas prévenu en faveur
des motifs religieux qui faisaient agir Noémi, parlait
d'elle comme d'une personne extraordinaire. Dans ses
dernières années, il aimait encore à raconter les détails
d'une opération très-délicate, l'ablation d'un kyste
énorme, dans laquelle Noémi avait rempli le rôle et la
fonction d'aide-chirurgien. Elle avait alors 25 ans.
Elle prit sans balancer la place que lui assigna le
docteur, et justifia jusqu'au bout l'opinion qu'il avait
eue d'elle. Le kyste pesa sept kilogrammes. L'opération achevée, Noémi se constitua garde-malade, jusqu'à l'entière guérison.

Les soins les plus pénibles à la nature ne la rebu-
taient jamais. Surmontant sa sensibilité, elle rendait
aux pauvres malades tous les services qu'exigeait leur
état, avec une bonté et une amabilité exquises ; et lorsque le médecin s'était prononcé sur le mal et l'avait déclaré mortel, elle redoublait de soins afin de prolonger
l'existence le plus longtemps possible ; puis elle se
hâtait « de faire l'œuvre de Dieu. » Elle préparait le
malade à recevoir la visite de Monsieur le Curé, et avec
un tact parfait, lui parlait des derniers sacrements.

Sa patience au chevet des mourants ne se démentit
jamais. Elle ne les quittait point. Grâce aux paroles

d'espérance et de consolation dont elle semblait avoir le secret, elle réussissait presque toujours à rendre la force aux pauvres cœurs déchirés par la douleur des séparations nécessaires. Elle leur montrait le Ciel ouvert, le bonheur d'être avec Dieu, les joies de l'Éternité bienheureuse. Elle parlait avec tant d'onction, qu'elle réussissait toujours à leur insinuer la foi vive de son âme et à leur adoucir le passage de ce monde à l'autre. On eût même dit qu'elle avait reçu une grâce particulière pour triompher des plus obstinés, et pour encourager ceux qui, frappés à la fleur de l'âge et tenant à la vie par mille liens, mille illusions, se révoltaient à l'idée de la quitter sitôt. Avec une autorité qui se faisait accepter de tous, à laquelle nul n'osait résister, tant on savait sincère l'intérêt qu'elle portait à chacun, elle gagnait d'abord le cœur du malade, son esprit, sa confiance tout entière ; et les tournait ensuite vers le cœur de Jésus, en parlant avec une onction incomparable de la bonté toute puissante de ce divin Maître, qui veut par dessus tout le bonheur éternel des âmes ; ainsi donnait-elle aux mourants confiance et courage.

Aussi, pourvu que Noémi fût auprès d'un malade, on était sûr qu'il mourrait chrétiennement. Le bon Maître donna cette récompense à sa fidèle servante qu'elle n'eût jamais la douleur de voir une personne mourir sans avoir reçu les sacrements de l'Église.

Plus tard, on venait même parfois des environs la chercher pour exercer ce genre de ministère On se rappelle encore à Plaissan la manière touchante dont elle remplit cette tâche dans une circonstance bien

difficile. Une jeune femme de vingt-trois ans, appartenant à l'une des meilleures familles du pays et
mariée depuis deux ans à peine, était venue passer
quelques jours chez son père pour demander la guérison à l'air natal. Jusque là, elle n'avait rien eu à désirer en ce monde : position sociale et fortune, un mari
qui l'adorait, un enfant de quelques mois faisant la
joie et l'espoir des deux familles, tous les éléments de
bonheur enfin semblaient réunis en cette seule existence... Mais le bonheur n'est pas de ce monde. Dieu allait
frapper au sein de cette félicité, et la jeune mère était
une victime parée pour le sacrifice. Les parents déso-
lés le sentaient déjà, les médecins d'ailleurs avaient
dit leur dernier mot, et l'on ne pouvait plus se faire
illusion. Catholiques avant tout, ils voulaient que leur
pauvre enfant entrât dans l'éternité avec les secours
et les consolations de la Foi. Mais comment oser lui en
faire seulement la proposition ? Dans des moments de
crise, la jeune femme s'écriait : « Je ne veux pas mourir ! » On fait prier Noémi de venir. Elle commence par
calmer la pauvre malade, lui promet de ne la point
quitter qu'elle ne soit guérie, puis lui montre l'Eucharistie comme moyen pour obtenir la force physique et morale
dont elle a besoin ; enfin elle réussit à la disposer si
bien, qu'elle demande de son propre mouvement le
Saint-Viatique, le reçoit avec une grande piété, et
meurt trois jours après dans les meilleurs sentiments.
On pourrait rapporter plusieurs faits du même genre.

Son dévouement suivait les malades au-delà du
trépas. Quand ils avaient cessé de vivre, elle les met-

tait au suaire ; et, encouragées par son exemple, des personnes qu'aurait arrêtées leur délicatesse naturelle, se joignaient alors à elle pour rendre au défunt ces derniers devoirs. Puis, elle s'occupait de la sépulture, cherchait les personnes nécessaires à l'accomplissement de la cérémonie funèbre, et quand le corps avait été rendu à la terre d'où il était sorti, elle pensait à l'âme, veillant à ce que, par le soin des familles, le divin sacrifice fût offert pour son repos, suppléant elle-même, à l'occasion, à l'indigence des parents, n'oubliant jamais les chères âmes qu'elle avait assistées dans leurs dernières luttes, leur donnant chaque jour un souvenir dans ses prières. Nous verrons plus loin sa sollicitude s'étendre sur elles jusqu'à sa dernière heure, et la part qu'elles eurent dans ses suprêmes recommandations.

CHAPITRE VI

Mort de Mademoiselle Cellier

—◦◦—

Il y avait quatre ans que Noémi se livrait à ses œuvres de charité, en s'inspirant toujours des conseils de sa tante, Mlle Cellier, quand il plut à Dieu d'appeler à lui sa servante, mûrie par un long apostolat. Quoique Mlle Cellier fût depuis longtemps souffrante, elle s'occupait encore des catéchismes, qu'elle faisait dans sa maison, et du pansement de certaines plaies, quoiqu'elle habitât chez sa sœur, Mme Bonniol. Noémi était souvent auprès d'elle, l'aidant de son mieux, et, comme une humble novice, recevant les conseils, admirant les exemples de celle qu'elle devait imiter et surpasser. Pendant la dernière maladie de cette tante vénérée, maladie qui dura plus d'un mois, la pieuse jeune fille redoubla de soins et ne la quitta plus. Les souffrances de la malade étaient très-vives, ses crises fréquentes et redoutables ; et plusieurs fois elle parut être à sa dernière heure. Noémi savait trouver le moyen de soutenir son courage, de rendre moins aiguës les douleurs qui la torturaient, et d'être en un mot à son égard, jusqu'à la fin, une fille pleine de respect et de dévouement.

Elle prodigua les mêmes soins à sa cousine Dosithée Bonniol, qui mourut à la fleur de l'âge et en odeur de sainteté. Elle eut à rendre les mêmes devoirs de piété et d'affection successivement à tous les membres de cette famille. On ne pouvait se défendre d'admirer le dévouement de la jeune Noémi : on la regardait déjà de toutes parts comme une personne d'une nature privilégiée.

Elle n'avait que vingt ans quand elle recueillit l'héritage entier de bonnes œuvres que lui léguait sa tante. Noémi allait désormais se trouver seule, privée du modèle que la Providence avait jusqu'alors placé sous ses yeux pour la former à la vie de charité. Ce n'était pas seulement le soin des malades, mais toutes les œuvres de dévouement spirituel et corporel de la paroisse qui lui incombaient : les catéchismes, les confréries, l'entretien de l'église, le pansement des plaies, le soin des vieillards et des pauvres ; elle devait avoir l'œil ouvert sur toutes les misères humaines pour les soulager sans perdre de vue l'objectif principal de sa vie : la gloire de Dieu et le salut de son âme. Elle comprit la grandeur de sa tâche et l'embrassa résolument.

Nous avons déjà dit que Noémi, admirablement dotée par la nature, en avait reçu des aptitudes supérieures ; avec une âme ardente, capable de tout entreprendre, elle avait un esprit droit que la vérité seule pouvait satisfaire. Aussi, loin de s'enorgueillir de ce qu'elle avait reçu, et de compter sur ses bonnes dispositions pour faire le bien, elle mit en Dieu seul tout son appui.

Le rationalisme, aujourd'hui triomphant, et dont le souffle dévastateur, après avoir envahi les sommets de la société, s'efforce de glacer les classes même les plus humbles, se plaît à considérer les dogmes du besoin de la grâce et du secours surnaturel comme la croyance des esprits étroits. Pour lui, l'homme est *tout*. Sa raison est souveraine, et sa volonté, son unique force. Jusqu'à ce jour, ses tentatives n'ont abouti qu'à des insuccès ; les difficultés se sont multipliées, parce qu'aux théories les plus insensées, mais les mieux conçues en apparence, il manque ce qui faisait défaut au levier du géomètre, un point d'appui ; nous, chrétiens, nous sommes sûrs de le trouver toujours en Dieu.

Une humble fille d'Avila, sans autres ressources que cette entière confiance en son Créateur, conçut et accomplit, dans le XVIe siècle, une œuvre colossale ; et comme elle réussissait dans toutes ses entreprises, et qu'elle obtenait de Dieu tout ce qu'elle lui demandait, on l'avait surnommée la *Toute-Puissante*. A qui voulait savoir comment il pouvait se faire que le succès couronnât si constamment toutes ses entreprises, elle avait coutume de dire : « Thérèse est bien peu de chose, mais Thérèse et Dieu c'est tout ! » Noémi ne pouvait-elle pas faire la même réponse ?

Dieu était en tout son principe, son but et son appui, et afin de ne rien omettre de ce qui touchait au service de ce cher Maître, elle avait le soin d'écrire toutes ses obligations jusques dans les moindres détails. Ses résolutions de retraite et ses notes éparses

que nous avons retrouvées dans ses papiers, étant
comme la photographie de son âme, nous ne croyons
pouvoir mieux faire connaître sa vie intime qu'en les
reproduisant presque en entier. — On y verra, mieux
que nous ne pourrions l'exposer nous-même, ses
efforts pour dompter sa nature et acquérir les vertus
auxquelles elle aspirait, sa lutte incessante pour faire
le bien et atteindre à la perfection.

CHAPITRE VII

Premières retraites de Noémi

——~~~~——

Nous parlerons d'abord des retraites de Noémi.

A la suite de celle qu'elle fit en 1865, elle se traça un règlement de vie, afin qu'il n'y eût rien d'inutile dans sa journée et que chaque heure eût son devoir. Le voici tel qu'elle l'a écrit elle-même :

« Je prends la résolution de suivre avec fidélité ce qui suit :

» Je me lèverai tous les jours à six heures, après huit
» heures de repos. Ma première action sera le signe
» de la croix, et après avoir donné mon cœur à Dieu,
» je m'habillerai avec diligence et modestie. Je ferai
» la prière du matin et une demi-heure d'oraison men-
» tale, dans laquelle j'aurai soin de prévoir les occa-
» sions qui peuvent se présenter pour faire le bien et
» éviter le mal ; je prendrai de bonnes résolutions,
» que je tâcherai d'accomplir, dans les différentes si-
» tuations où je pourrai me trouver. J'irai à la messe,
» et après l'avoir entendue, je ferai les prières des
» différentes confréries. Je travaillerai ensuite jus-
» qu'au dîner. A une heure, je ferai mon examen
» particulier, après lequel je ferai un quart d'heure

» de lecture de piété, principalement dans la *Vie des*
» *Saints*. Je ferai la prière du soir, avec l'examen de
» tout ce que j'ai fait durant le jour. Je demanderai
» pardon au Seigneur des fautes que j'aurai commi-
» ses, et le remercierai des grâces qu'il m'aura accor-
» dées. Je lirai ensuite le sujet de la méditation du
» lendemain, et je me coucherai dans ces pensées, tâ-
» chant de garder le silence. En me mettant au lit, je
» dirai le *Miserere* pour implorer les miséricordes du
» Seigneur, et le *Laudate* en actions de grâces.

» Je ferai la Sainte Communion tous les dimanches
» si mon confesseur le juge à propos, et ce jour-là
» je réciterai le Rosaire ; le lundi, j'ajouterai à tous
» mes autres exercices le Chapelet des morts ; le ven-
» dredi, le Chemin de la Croix ; le samedi, je réci-
» terai l'Office de la Sainte-Vierge, et je me confes-
» serai ce jour-là.

» Le premier dimanche du mois, je ferai une petite
» retraite spirituelle ; j'examinerai les progrès que
» j'aurai faits dans la vertu pendant le mois qui vient
» de passer, les fautes que j'aurai commises, la vertu
» qui m'était le plus nécessaire, et le vice qui domine
» en moi ; je prendrai de bonnes résolutions pour
» acquérir dans le mois suivant la vertu dont j'aurai
» le plus grand besoin.

» Le second dimanche, je ferai la préparation à la
» mort, et je tâcherai de me mettre dans les dispo-
» sitions où je voudrais être en ce moment redouta-
» ble.

» Tous les ans, je célèbrerai l'anniversaire de

» mon Baptême, de ma Confirmation, de ma Pre-
» mière Communion et la fête de ma sainte Pa-
» tronne.

» Dans tous mes repas, je ferai à Dieu un petit
» sacrifice. Dans les soins que je dois prendre de mon
» corps, je me contenterai du simple nécessaire. Dans
» mes habits ou tout ce qui regarde la toilette, je re-
» trancherai toujours quelque petite chose qui pour-
» rait flatter mon amour-propre.

» J'éviterai avec le plus grand soin la société des
» personnes qui ne parlent pas de Dieu. Toutes les
» fois que je ferai une faute, je m'imposerai une pé-
» nitence proportionnée. Je ne parlerai jamais de moi,
» ni en bien ni en mal ; je détournerai adroitement la
» conversation quand on en dira du bien. Je ne par-
» lerai du prochain que pour en dire du bien. Je
» m'abstiendrai de le juger, et quand je serai tentée
» de le faire, je penserai tout de suite à mes propres
» misères.

» L'objet principal qui doit m'occuper, c'est de
» connaître la volonté de Dieu sur moi ; à cette fin,
» je dirai tous les jours un *Veni Creator* et un
» *Souvenez-vous*, et j'offrirai une petite mortification.

» J'emploierai au travail tous les moments libres
» qui seront entre mes exercices de piété. Je marque-
» rai tous les jours le nombre de mes résistances à
» la grâce, ainsi qu'à la mortification. Je ferai une
» fois la semaine la méditation tout haut ou par écrit.

» Tous les mois, je lirai le présent règlement à
» genoux. »

C'est à l'âge de 18 ans qu'elle prenait ces résolutions ; et avec la force de volonté qui la caractérisait,
promettre, c'était tenir.

Noémi, fidèle à retremper tous les ans les forces de
son âme dans une fervente retraite, terminait chaque
fois ses pieux exercices par de fortes résolutions, sans
perdre de vue celles qu'elle avait prises déjà dans ses
retraites précédentes. Il est facile de voir, par ses diverses notes, que de bonne heure sa pensée dominante
fut celle de la mort et du jugement. Loin de les repousser, comme on est porté de le faire au printemps
de la vie, elle aimait, au contraire, à en nourrir son
esprit, et elle s'efforcait de prendre les moyens que ces
grandes conseillères de l'âme lui suggéraient pour assurer son salut.

Dans sa retraite de 1826, à 19 ans : « Je prends la
» résolution, écrit-elle, de penser chaque jour que
» peut-être avant qu'il ne finisse je paraîtrai devant
» un juge sévère qui pèsera toutes mes actions avec
» une justice infaillible. Je m'imaginerai être devant
» ce juge, je croirai qu'il a sans cesse ses yeux
» ouverts sur moi ; je marcherai toujours en sa sainte
» présence, et je ferai toutes mes actions dans la vue
» de lui plaire ; j'éviterai les louanges des hommes,
» qui m'ôtent toute récompense de Dieu ; et si on
» m'en donne, je les rapporterai toutes à Dieu, comme
» à leur principe, parce que je ne puis rien sans
» lui. »

Ensuite, elle fait comme une récapitulation de son
règlement de vie, et s'attache surtout à la perfection

de ses actions ordinaires : « Je m'habillerai, dit-elle,
» avec la plus grande modestie, pensant que les yeux
» du Seigneur sont ouverts sur moi. Je ferai ma prière
» avec toute l'attention possible. Je me pénètrerai de
» cette pensée que je parle à Celui devant qui les
» Anges se couvrent de leurs ailes, que je suis là
» pour obtenir mon pardon et les grâces nécessaires
» pour persévérer dans le bien, et me fortifier contre
» les attaques de mes ennemis, auxquels je ne puis
» résister sans le secours de Celui que j'invoque, et
» qui m'exaucera si je le prie comme il faut. »

« J'entrerai ensuite, comme dit l'Écriture, dans le
» cabinet de mon cœur, j'en fermerai la porte à toutes
» les choses terrestres pour ne m'occuper que du
» salut de mon âme, et des moyens que je dois pren-
» dre pour arriver au bonheur éternel. »

Poursuivant son but de tout faire pour Dieu, elle
ajoute plus bas : « Je travaillerai pour obéir au com-
» mandement que vous, mon Dieu, nous en avez fait ;
» j'unirai mon travail au vôtre, et le ferai dans le
» dessein de vous plaire, sans rechercher en rien les
» louanges des hommes. J'élèverai souvent mon esprit
» vers Dieu. Je mortifierai tous les jours mes sens,
» en les privant de tout ce qui pourrait les porter au
» péché. Je mettrai surtout un frein à ma langue, et
» ne me permettrai jamais aucun mensonge, ni juge-
» ment téméraire, ni aucune parole contre la charité.
» J'abattrai mon orgueil par la considération de mon
» néant et de ma faiblesse, reconnaissant que si j'ai
» quelque chose, je le tiens de Dieu. »

On voit, par ce qui précède, que déjà Noémi était absorbée par le soin de sa perfection, mais tout cela demeurait caché dans son cœur. Dieu seul savait les trésors de vertu qu'il renfermait. Pour elle, petite à ses yeux, elle tâchait de le paraître encore plus au dehors. Dans ce but, elle se prêtait à la société autant de fois qu'elle le pouvait sans s'exposer à offenser Dieu. Dans les réunions de famille ou d'amitié, où elle avait le don d'apporter tant de gaieté, tant de charme, qu'il semblait que sans elle on ne pouvait se dilater, on ne reconnaissait la servante de Jésus que par le soin qu'elle avait de ne jamais perdre de vue les intérêts de son cher Maître. Comme l'apôtre, elle se faisait toute à tous pour gagner à Jésus-Christ tous ceux qui l'approchaient.

Toujours veillant sur elle-même, soigneusement attentive à observer de plus en plus ce qui pouvait la rendre plus agréable à Dieu, elle ajoutait tous les ans quelques lignes de plus à son règlement de vie. Nous reproduisons textuellement quelques-unes de ces additions successives. Les personnes qui l'ont connue ne se plaindront pas de la longueur de ces citations : nul ne peut mieux nous révéler les saints qu'eux-mêmes ; et il y a joie et profit à les suivre, à pénétrer dans leur intérieur dans ces moments où, croyant n'y descendre que pour eux, ils nous y introduisent à leur insu.

En 1827, toujours dans les mêmes dispositions d'esprit et de cœur, considérant que cette année pourrait être la dernière de sa vie, elle prend de nouveau la résolution de travailler plus efficacement au salut de son âme. Pour y mieux réussir, elle s'appuie sur la mortification comme moyen principal : entrant dans les détails, elle s'impose plusieurs privations, entr'autres : « Je ne mangerai, dit-elle, que d'une seule chose à mon déjeuner, je ne boirai point de vin de toute l'année. » Puis, portant le fer sur tout ce qui peut être occasion de péché, elle s'engage à mortifier un de ses sens chaque semaine, et à pratiquer toute l'année l'humilité, le renoncement à sa volonté, et le détachement des créatures.

Avec la simplicité qui la caractérise, elle termine en s'écriant : « Seigneur, vous savez quelle est ma
» faiblesse et mon impuissance pour accomplir les
» résolutions que vous m'avez inspirées ; j'ai besoin
» du secours de votre grâce, je vous la demande avec
» confiance, espérant que vous me l'accorderez dans
» votre divine miséricorde. Voyez la sincérité de mes
» sentiments et de mes désirs. Daignez les agréer et
» me donner les grâces dont j'ai besoin. Vierge Sainte,
» ma bonne Mère, priez pour moi votre cher Fils,
» priez-le qu'il reçoive ces résolutions. »

Dans ces résolutions, il n'y a certainement rien de bien saillant, rien d'extraordinaire. Il n'est pas une âme pieuse qui, après une revue sur elle-même, ne pense comme Noémi ; seulement, il arrive qu'après avoir écrit sur le papier des choses admirables, on se met peu en peine de les accomplir. On veut faire le bien, mais le bon vouloir se paralyse à la première épreuve.

Noémi, au contraire, avec cette fermeté de volonté qui allait jusqu'à l'héroïsme, ne manquait jamais à ses promesses ; si elle se plaint quelquefois d'elle-même, de sa faiblesse, c'est que, visant toujours au parfait, elle ne peut pas y atteindre comme elle le voudrait ; mais elle poursuit courageusement son but, et jusqu'à sa mort, elle ne cessera de repousser d'une main les ennemis de son salut, et d'élever de l'autre l'édifice de sa sanctification. Plus elle trouvera de résistance dans sa nature, plus elle redoublera d'efforts pour la vaincre ; et malgré ses succès dans la lutte, elle croira toujours n'avoir rien fait.

C'est du reste le sentiment qui domine toutes ses pensées. L'année suivante, 1828, elle se désole d'avoir fait si peu d'avancement dans la vertu : « Quelle honte
» à mon âme, dit-elle, de voir que je me propose tou-
» jours d'acquérir la même vertu et que j'en suis
» si éloignée ; c'est que je ne l'ai pas voulu
» bien sincèrement ! Je prends des résolutions qui
» n'aboutissent à rien, il faut donc en venir à la pra-
» tique, et tâcher qu'avant la fin de cette année nous
» ayons fait quelques progrès. Que deviendrais-je,
» s'il me fallait en ce moment paraître devant Dieu
» pour être jugée ? Quels regrets n'aurais-je pas
» d'avoir fait si peu pour mon salut ? Il faut commen-
» cer tout de bon, et me donner au Seigneur sans re-
» tour et sans partage. Je vais travailler à acquérir
» l'humilité et le recueillement. Je m'appliquerai à
» acquérir surtout l'esprit de mortification, afin d'éta-
» blir le règne de Dieu dans mon âme et de connaître

» sa sainte volonté. Je prends pour mon père spiri-
» tuel et mon modèle dans la douceur et l'humilité
» Saint François de Sales, et pour ma mère spirituelle
» Sainte Marie-Madeleine, je désire imiter sa grande
» contrition et son ardent amour pour Dieu. »

Après sa retraite de 1829, ayant alors 22 ans, elle
écrivait : « Reconnaissant que c'est ma dissipation et
» mon immortification qui mettent obstacle au règne
» de Dieu en moi, et qui m'empêchent de le servir et
» de l'aimer comme il le mérite et qu'il le demande de
» moi, je suis résolue de faire tout ce que je pourrai
» pour sortir de cette léthargie et de cette inaction dans
» laquelle je gémis depuis si longtemps ; elle ne peut
» que déplaire à ce Dieu jaloux, qui veut régner seul
» dans mon âme, et qui, me comblant de ses grâces,
» me force à reconnaître qu'il est le seul qui puisse
» contenter mon cœur et le rendre heureux. Mais si
» le Seigneur est si bon à mon égard et s'il m'accorde
» tant de grâces, ne dois-je pas faire tout ce qui dé-
» pend de moi pour en bien profiter, et pour ne pas
» augmenter le compte terrible qu'il me faudra rendre
» un jour de celles dont j'ai abusé, et qui auraient
» suffi pour convertir les plus grands pécheurs ? Ne
» dois-je pas craindre que le Seigneur, lassé de ma
» résistance, ne se retire, et que je ne tombe dans les
» plus grands excès ? Pour prévenir un si grand mal-
» heur, je vais m'appliquer, avec la grâce du Seigneur,
» à acquérir l'humilité, la mortification, le recueille-
» ment, et à me tenir continuellement dans toutes mes
» actions en la présence de Dieu. Pour acquérir toutes

» ces vertus, je ferai ce qui suit : d'abord, je commen-
» cerai par la mortification de mes sens ; je priverai
» mes yeux de voir non-seulement les choses mauvaises,
» mais encore les indifférentes ou innocentes; quand ma
» vue se portera sur un objet quelconque, à moins
» qu'il ne soit nécessaire de le voir, je l'en détournerai,
» et offrirai ce sacrifice au Seigneur. Je fermerai mes
» oreilles à tous les discours mauvais, et surtout aux
» paroles contraires à la charité. J'éviterai même les
» discours frivoles et inutiles. Je ne parlerai du pro-
» chain qu'en bien, et jamais de moi-même ou de ce
» qui me regarde. »

« Je ne donnerai jamais mon avis sans qu'on me
» le demande ; en parlant aux domestiques, je le
» ferai toujours avec douceur, et en les priant plutôt
» qu'en les commandant ; je ne me plaindrai jamais
» de rien, quoi qu'il m'arrive dans la maison ; j'irai
» toujours au devant de tous, faisant tout ce qui pourra
» leur faire plaisir, et prévenant leurs désirs. Je
» travaillerai plutôt pour les autres que pour moi. Je
» tiendrai mon esprit toujours élevé à Dieu, et je ferai
» autant d'aspirations et d'actes d'amour qu'il me sera
» possible ; au lieu de laisser égarer mon imagination
» sur des objets frivoles ou inutiles, je m'appliquerai
» à trouver les moyens de plaire à Dieu en cherchant
» les occasions de me mortifier et en m'occupant de
» quelques saintes pensées ; dès que je m'apercevrai
» que je m'occupe de quelque objet qui m'éloignerait
» de Dieu, je rappellerai mon imagination au souve-
» nir de sa sainte présence, et tâcherai de me mieux
» recueillir. »

« Je m'efforcerai d'acquérir l'humilité ; je la deman-
» derai au Seigneur avec toute la ferveur qu'il me
» sera possible, et je m'exercerai à en produire des
» actes en cherchant les occasions de m'humilier ; je
» ne dirai jamais rien qui puisse tourner à ma louange
» et à mon avantage. Je ferai toutes mes actions dans
» l'unique vue de ne plaire qu'à Dieu, cherchant en
» tout à lui être agréable.

» J'exercerai dans la maison, quand je le pourrai,
» les emplois des domestiques ; je serai affable et
» prévenante envers ma belle-sœur, en cherchant ce
» qui pourra lui faire plaisir, et j'éviterai ce qui pour-
» rait lui faire peine.

» Je n'écouterai aucun discours, et ne me permet-
» trai pas la moindre parole sur le compte d'aucun
» prêtre.

» Je tâcherai de réunir quelques jeunes filles pour
» leur faire le catéchisme, et les instruire de notre
» sainte religion, en leur inspirant l'amour de Dieu et
» du prochain. »

L'année d'après, en 1830, le 25 octobre, elle cons-
tate que pendant ces jours de recueillement, Dieu l'a
attirée à lui, et lui a parlé au cœur. Sous ce regard
divin, elle se voyait comme le figuier stérile, n'ayant
encore porté aucun fruit digne d'être présenté au bon
Maître. Elle prend la résolution de ne commettre
aucune faute de propos délibéré, d'éviter tout ce qui
pourrait déplaire à Dieu ; ensuite, de remplir ses exercices de piété aux heures marquées dans son règlement, et d'être bien attentive à la sainte présence de

Dieu, offrant toutes ses actions et intentions à sa plus grande gloire ; de travailler à acquérir l'esprit de prière et de recueillement ; de regarder chaque jour comme s'il était le dernier de sa vie, et de n'en laisser passer aucun sans faire quelque chose pour le ciel ; en un mot, dit-elle, « je ne refuserai rien à la grâce, et je n'accorderai rien de superflu à la nature. »

A la suite de cette retraite, elle retouche son règlement de vie : « Je me lèverai exactement, dit-elle, à
» six heures ; après m'être habillée avec modestie, je
» ferai ma prière avec le plus grand recueillement,
» comme si ce jour devait être le dernier de ma vie.
» Je ferai ensuite une demi-heure d'oraison, pendant
» laquelle, fermant mon cœur à toutes les choses ter-
» restres, je ne m'occuperai que du salut de mon âme.
» J'irai de là où le Seigneur m'appelle, je tâcherai de
» faire en tout sa sainte volonté. Je ferai toutes mes
» actions dans la vue de lui plaire. J'irai à la messe
» renouveler à mon Dieu, avec le sacrifice de Jésus-
» Christ, celui de tout moi-même. A deux heures, je
» ferai une lecture de piété, avant laquelle je me re-
» mettrai devant les yeux, par un examen particulier,
» tout ce que j'aurai fait dans la matinée ; j'en de-
» manderai pardon au Seigneur, et m'imposerai une
» pénitence pour les péchés que j'aurai commis. Je
» prendrai de nouvelles résolutions pour ne les plus
» commettre. Le soir, j'irai faire ma visite au Saint-
» Sacrement ; je dirai tous les jours le chapelet. Je
» finirai la journée comme je l'aurai commencée, en
» me soumettant toujours à la sainte volonté de Dieu.

» Je ferai tous les jours quelques mortifications, sur-
» tout dans les repas. Je ne prendrai pas la nourri-
» ture pour satisfaire la sensualité, mais pour puiser
» de nouvelles forces, afin de servir le Seigneur
» avec plus de fidélité. Je m'exercerai surtout à pra-
» tiquer l'humilité, en réprimant mon orgueil, qui
» s'élève sans cesse.

» Tous les samedis, je m'examinerai sur les fautes
» que j'aurai commises pendant la semaine. J'en de-
» manderai pardon au Seigneur, et je prendrai de
» nouvelles résolutions pour la semaine suivante.
» Tous les mois, j'examinerai les progrès que j'aurai
» fait pendant le mois précédent. Je méditerai sur les
» vérités éternelles et sur la Passion de Notre-Seigneur
» Jésus-Christ. — Mon divin Sauveur, secondez de
» votre grâce les faibles efforts que je fais pour avan-
» cer dans la vertu ; pardonnez-moi mes infidélités
» et le peu de profit retiré de tant de grâces que
» vous m'avez faites. Voyez mon regret et la résolu-
» tion que je prends de ne rien négliger pour y cor-
» respondre avec plus de fidélité. Vierge sainte, soyez
» toujours ma Mère ! »

L'année suivante, 1831, le 26 octobre, elle entre
en retraite, selon l'habitude qu'elle en avait prise ; c'est
chez les Dames de Saint-Maur qu'elle va restaurer ses
forces spirituelles et prendre de nouveaux moyens
pour l'avenir. Le sentiment de sa faiblesse fait le fond
de ses méditations pendant cette retraite. En contemplant les abaissements de Notre-Seigneur, les souffrances de son agonie à Gethsémani, elle sent le désir

d'imiter son bon Maître et de le suivre dans la voie royale qu'il nous a lui-même tracée. A la lumière que Dieu a fait briller dans son cœur, elle a reconnu que la cause de ses fautes est le trop de confiance en elle-même, et elle s'engage à ne compter désormais que sur la miséricorde et la grâce du Bon Dieu pour faire le bien et éviter le mal, à réfléchir tous les matins sur sa misère et sur sa faiblesse, à dire souvent en elle-même : « Qu'étais-je ? que suis-je ? que deviendrai-je ? »

La défiance d'elle-même la conduit à l'humilité. Elle étudie cette vertu dans les humiliations de Notre-Seigneur pendant sa Passion. Dans cette contemplation : « Je reconnais, dit-elle, que tout ce que j'ai fait
» jusqu'ici n'a été fait que par vanité ; que dans tous
» mes discours et toutes mes actions, je ne recherchais
» que l'estime, quoique parfois j'offrisse mes actions à
» Dieu ; elles n'ont pas dû lui être agréables, à cause
» du peu d'attention avec laquelle je les faisais. Je me
» trouve donc devant lui les mains vides, n'ayant rien
» fait qui puisse lui être présenté. Ma résolution est
» de m'appliquer à faire tout pour Dieu, et à veiller
» sans cesse sur moi pour ne rien dire ou faire qui
» puisse me procurer des pensées d'orgueil. Je ne ré-
» pliquerai pas à des paroles mortifiantes, au con-
» traire, je rechercherai les occasions d'être humiliée ;
» je céderai aux avis des autres ; je purifierai mes
» intentions, afin qu'il n'y ait rien qui ne soit pour
» Dieu seul. Chaque jour, je ferai mon examen parti-
» culier sur ce sujet. »

Quant à sa vocation : « Je suis résolue, dit-elle, à
» faire ce que m'ont conseillé deux religieuses, qui
» est de m'abandonner au Bon Dieu, en lui disant qu'il
» fasse de moi ce qu'il voudra ; que je me soumets à
» tout ce qu'il veut, comme il veut. Et, au lieu de me
» tourmenter dans la position où je suis et de rêver à
» des choses qui ne s'effectueront peut-être jamais,
» qui jettent le trouble et l'agitation dans mon esprit
» et me mettent dans l'impossibilité de faire le bien
» que Dieu demande de moi dans le moment présent,
» je m'appliquerai à bien faire tout ce que je fais, sans
» penser à l'avenir. Je me jetterai avec confiance dans
» le Sacré-Cœur de Jésus, pour y puiser les forces
» dont j'ai besoin, afin de résister au torrent des
» mauvais exemples, et j'attendrai en paix qu'il me
» fasse connaître plus clairement ses desseins sur moi.
» Je m'y soumets d'avance, quels qu'ils soient, et j'ac-
» cepte avec soumission toutes les peines et contra-
» dictions qu'il lui plaira de m'envoyer. »

Elle s'engage à pratiquer la mortification extérieure
et intérieure avec toute la générosité possible ; la patience et l'esprit de recueillement, qui semble incom-
patible avec son imagination vive ; le détachement de
tout, même de l'estime des hommes, ne cherchant à
plaire qu'à Dieu seul, à ne dire aucune parole inutile,
à n'arrêter son regard sur aucun objet, même indifférent, et à n'écouter aucun discours contraire à la charité.

Pour résolution finale, elle s'écrie : « J'irai à Dieu
» avec confiance, et je lui parlerai comme à un bon

» père ; je me livrerai sans résistance aux mouve-
» ments de la grâce et aux doux épanchements, le
» regardant comme un ami, comme un père, et non
» comme un juge sévère. »

Sa retraite de 1832 est comme une répétition de celle qui précède. C'est toujours le désir d'assurer son salut et le sentiment de sa propre faiblesse qui domi-nent : « Pourquoi ne ferions-nous pas, dit-elle, ô mon
» âme, ce que tant de Saints ont fait ? Il faut se vain-
» cre et se faire violence pour arriver au Ciel. Il faut
» le *vouloir*, coûte que coûte. Malheur à nous si à
» notre dernière heure nous nous trouvons les mains
» vides ! Que sert à l'homme de gagner l'univers, s'il
» vient à perdre son âme ? »

Profondément pénétrée de ces grandes vérités, elle renouvelle ses résolutions précédentes, et surtout cel-les qui concernent l'humilité. Elle reconnaît que l'or-gueil est la cause de ses chutes, et pour le détruire, elle veut s'appliquer à acquérir la connaissance d'elle-même, de sa faiblesse, de son néant ; à entrer dans une voie d'expiation et accepter dans ce but toutes les paroles de blâme ou de moquerie comme chose due ; elle veut encore mettre tous ses soins à pratiquer la mortification des sens, le recueillement et la sainte présence de Dieu : « Je redoublerai, dit-elle, de vigi-
» lance sur mon esprit et ne lui permettrai pas même
» de s'arrêter aux pensées inutiles. Je sanctifierai
» toutes mes actions par la pureté d'intention. Je prends
» pour ma Mère et mon modèle la Très-Sainte Vierge,
» dont je tâcherai d'imiter la pureté ; Saint Augus-

» tin, pour mon père spirituel. Je le supplierai de
» m'obtenir l'esprit de pénitence, afin que je ne re-
» tombe plus dans le péché. Je prends aussi Sainte
» Madeleine pour ma mère spirituelle, désirant imiter
» sa parfaite contrition et son ardent amour, afin
» d'obtenir le pardon de mes péchés. »

Malgré la sincérité de ses bons desseins, elle a encore à gémir l'année suivante, 1833, sur sa propre faiblesse. Elle voudrait en tous points copier le divin modèle ; et elle reconnaît que sa nature indomptable l'empêche de ressembler à l'idéal qu'elle a toujours devant les yeux. Toutefois, elle ne rend pas les armes ; au contraire, sa lampe à la main, elle visite les coins et recoins de Jérusalem, afin de découvrir tous les endroits faibles.

Pour fixer l'inconstance de la pensée, elle la dirige vers Dieu : « Je ferai, dit-elle, toutes mes actions
» pour Dieu seul, uniquement pour lui plaire ; je me
» servirai de tous les objets extérieurs pour élever
» mon cœur vers lui en forme d'oraison jaculatoire.
» Dans mes exercices de piété, je me pénètrerai sur-
» tout de la présence de Dieu, qui est là pour m'exau-
» cer, pourvu que je le prie avec amour. »

Elle déplore ensuite l'inutilité de sa vie qu'elle voudrait employer tout entière au service du bon Maître. « Depuis plusieurs années, dit-elle, le Seigneur
» me comble de ses grâces, et je n'ai encore rien fait
» pour lui. Je veux donc me rendre attentive à sa voix
» et ne négliger aucune bonne inspiration. »

Puis, pour combattre l'orgueil, elle veut se soumet-

tre à tout le monde sans exception. « Je ne donnerai
» jamais mon avis, dit-elle, sans qu'on me le
» demande ; non-seulement, je ne rechercherai pas à
» être estimée, mais je ne fuirai jamais les occasions
» que j'aurai de m'humilier. Je lirai tous les jours un
» point du livre *L'humilité en pratique*, et je le
» répèterai jusqu'à ce que je sois parvenue à la pra-
» tiquer. Je regarderai comme perdu le jour où je
» n'aurai rien fait pour mon salut, et je m'imposerai,
» le soir, une pénitence. »

Nous ne nous lasserions pas à suivre Noémi dans
sa marche ascensionnelle vers la perfection. Depuis
qu'elle avait posé son pied sur l'échelle mystique, elle
ne s'était plus détournée, et rien n'est plus intéressant que de lui en voir gravir un à un les nombreux
degrés. Nous allons toutefois faire une courte halte
dans l'étude de sa vie intime, pour continuer à recueillir quelques détails de sa vie active, et montrer
comment, après avoir placé Dieu dans son cœur
par l'oraison, elle savait, par l'exercice de la charité, le communiquer autour d'elle, se faisant toute
à tous, comme l'Apôtre, pour gagner tout le monde à
Jésus-Christ.

CHAPITRE VIII

Son zèle pour les âmes

Depuis que le Prophète, dans une parole sublime, a exhalé l'angoisse de son cœur à la vue des maux d'Israël, il n'est pas une âme apostolique qui n'ait pu dire aussi après lui : « Le zèle de votre maison me dévore ! » C'est peu, en effet, pour les serviteurs de Dieu, de se donner à lui totalement et pour toujours : ils voient autour d'eux le blasphémateur et l'impie marcher la tête levée, provoquant sans cesse la divine bonté par de nouveaux outrages ; ils entendent les vociférations des foules, criant encore, comme au Prétoire : « Crucifiez-le, crucifiez-le ! » De tous côtés s'élève un cri de révolte contre le Créateur.... Le Code du Christ devient gênant ; à l'Évangile est substituée la libre pensée, le naturalisme, le sensualisme, etc... Comment caractériser la douleur des amis de Jésus-Christ ?

Ceux-là seuls qui sentent cet ineffable martyre, peuvent savoir quel en est le tourment.

Noémi, qui ne vivait que pour son Dieu, ne pouvait rester insensible à cette profonde décadence de la foi et des mœurs ; elle se proposa d'y remédier dans sa faible mesure et par tous les moyens en son pouvoir. C'était peu pour elle d'être dévorée du zèle de sa sanctification personnelle, il lui fallait étendre les limites du royaume de Dieu : pour cela, elle ne négligeait aucune occasion d'atteindre les âmes. Elle savait profiter de tous les moments : toujours et avec beaucoup d'à-propos, elle mêlait à sa conversation quelqu'une de ces paroles qui ramènent l'esprit au but sérieux de la vie. Tous ceux qui l'ont connue, à l'aurore même de sa carrière, affirment que déjà sa sainteté projetait des rayons, et que nul ne pouvait se soustraire à son influence.

Mais quelques conseils isolés, donnés de loin en loin, ne suffisaient pas à son ardeur ; il lui fallait un champ plus vaste, des moyens d'action plus directs. Une de ses grandes joies fut d'être autorisée à remplacer sa tante pour les catéchismes. Elle se proposa d'y attirer tout le monde, mais elle commença d'abord par les enfants. Elle les réunissait chez elle plusieurs fois la semaine, et leur expliquait avec beaucoup de clarté les enseignements de l'Église.

Elle y appela aussi ceux qui, ayant fait la première communion depuis quelques années, avaient oublié les divins préceptes : plusieurs d'entr'eux ne savaient même plus prier ; se mettant tout à fait à leur portée, elle leur expliquait les éléments de la doctrine chrétienne dans le patois du pays. Nous avons trouvé dans ses notes le catéchisme de Mgr Thibault tout entier traduit dans cet idiome.

Les pauvres vieillards ne pouvant venir chez elle,

elle allait les trouver dans leur maison pour les instruire et prier avec eux, à des heures fixes et à des jours déterminés. Pas une âme n'était oubliée.

Les réunions devinrent de plus en plus fréquentées ; on ne peut dire combien ses paroles étaient goûtées, et la confiance que l'on avait en elle ! ce fut à tel point que beaucoup de personnes la priaient de les préparer à la confession, et de leur faire l'examen de conscience, comme elle le faisait pour les enfants : les hommes mêmes lui demandèrent quelquefois ce service.

Elle continua cet apostolat pendant toute sa vie. M. l'Abbé Coste, supérieur de la Sainte-Famille, qui vint donner une retraite à Vendémian en 1856, ne pouvait assez en marquer son admiration. Il trouvait l'action de Noémi présente dans tout le bien qui se faisait pendant la mission, comme dans celui qui s'était fait auparavant. Quand il demandait aux femmes, aux hommes même : Qui vous a ainsi préparés à votre confession ? Mlle Noémi, disaient-ils.

Outre l'instruction religieuse, un des principaux moyens qui s'offrit à son esprit pour entretenir et ranimer la piété fut la réorganisation des confréries. Elle commença par celle du Saint-Sacrement. Ayant réuni un bon nombre d'associées, elle s'attacha à leur expliquer les pratiques, et à leur faire goûter l'esprit de cette dévotion. « Il s'agit, disait-elle souvent, d'hono-
» rer la personne sacrée de Notre-Seigneur Jésus-
» Christ, de le louer, le bénir, aimer et remercier
» d'un si grand bienfait, et de le dédommager des

» outrages qui lui sont faits dans le sacrement de
» son amour. Combien donc devons-nous remplir
» exactement les devoirs de notre association ! »

Elle s'empressa aussi de propager la dévotion au
Sacré-Cœur de Jésus, « de ce Cœur, écrivait-elle avec
» véhémence, qui a tant aimé les hommes et qui en
» est si peu aimé ; de ce Cœur, le siége de tant de
» vertus, le principe de tant d'œuvres saintes, le
» canal de tant de grâces pour la sanctification des
» hommes ; de ce Cœur qui mérite un culte et une
» dévotion toute particulière, pour qui tous les cœurs
» devraient brûler ! etc., etc. Il faut, disait-elle encore,
» que tous les confrères dédommagent le Sacré-Cœur
» de Jésus de l'oubli, de l'indifférence dans laquelle
» vivent presque tous les chrétiens à son égard ; il faut
» qu'ils réparent, autant qu'il est en leur pouvoir,
» toutes les ingratitudes que reçoit ce Cœur adorable.»
De temps en temps, elle réunissait les associées ; et
afin d'entretenir leur ferveur, elle leur montrait l'excellence de cette dévotion, leur rappelait les obligations qu'elle impose, et, entrant dans les détails, elle
leur apprenait à vivre en union avec ce divin Cœur par
un ensemble de pratiques, distribuées dans tous les
jours de la semaine et à toutes les heures. « Les pra-
» tiques et prières de cette sainte confrérie, disait-
» elle, résument ce qu'il y a de plus saint dans la
» Religion ; que faut-il de plus pour nous en montrer
» l'excellence et nous en révéler les avantages ?
» Tâchons d'embraser nos cœurs d'amour pour un
» Dieu si bon, si aimable, qui nous a tant aimés, et

» qui ne cesse de brûler d'amour pour tous les hom-
» mes, tandis qu'on l'aime si peu. »

Elle s'occupa avec le même zèle des confréries du Scapulaire et du Rosaire. Ces deux dévotions étant regardées dans l'Église, l'une comme le bouclier du salut, et l'autre comme l'arme des saints combats, elle tâcha d'y enrôler toutes les âmes de bonne volonté. Elle ne laissait échapper aucune occasion d'en faire connaître l'importance. « Ces confréries, disait-elle, sont très-agréables à la Sainte-Vierge : Elle aime à nous voir revêtus de son habit, et combattant sous ses étendards. On doit par une conduite toute sainte prouver qu'on est du nombre des serviteurs de Marie, et qu'on honore le petit habit que l'on porte par la pratique des vertus dont la Sainte-Vierge nous a donné l'exemple. Ce ne sera pas le Rosaire ou le Scapulaire seuls qui nous sauveront, ajoutait-elle, mais ils seront assurément des moyens de salut et de puissants appuis à notre faiblesse, en nous rappelant les devoirs qu'à leur occasion nous avons contractés, et en nous faisant aimer d'un amour véritable Jésus et Marie. »

L'association de la Propagation de la Foi ne la trouva pas indifférente. Elle fut des premières à s'y inscrire ; elle s'empressa de la faire connaître autour d'elle et de recruter autant d'associés que possible. C'était bien l'œuvre qui convenait à son zèle ! Aussi combien était-elle ardente à en procurer l'extension ! « Secondons, écrivait-elle, par nos prières et nos
» aumônes, les missionnaires qui vont dans les pays

» étrangers convertir les infidèles et les idolâtres ;
» nous pouvons ainsi, et à très-peu de frais, contri-
» buer à ce que la Religion soit connue par un grand
» nombre de peuples, et qu'une infinité d'âmes, ra-
» chetées par le sang de Jésus-Christ, ne périssent
» pas faute d'être éclairées. — Grâce à cette asso-
» ciation, nous sommes rendus participants de tout
» le bien qui se fait dans ces différentes missions par
« le zèle de tant de saints missionnaires. »

Nous avons dit que Noémi avait l'œil ouvert sur toutes les âmes, et savait profiter de toutes les occasions pour y pénétrer et les ramener à Dieu. Mais c'est surtout à l'égard des jeunes personnes qu'elle aimait à exercer son zèle, et la tâche étant ici plus facile, elle employait avec ardeur tous les moyens que lui suggérait la soif de leur sanctification. Répondant à l'attrait de chacune d'elles, elle formait les unes au travail de la sacristie et les autres au chant des cantiques. — Grâce à ses soins, il y eut bientôt un chœur très-nombreux qui put relever les cérémonies du culte par ses chants pieux aussi souvent que les saintes règles de la liturgie sacrée le permettaient. Ces chants simples et populaires, auxquels la foule se mêlait, réveillaient les sentiments de foi et devenaient un puissant auxiliaire pour la piété. Elle l'avait compris, et elle tenait à ce qu'on n'y manquât jamais.

Elle réunissait aussi ces jeunes filles chez elle très-souvent, afin de les faire travailler pour l'église, réparer les ornements et tout le linge de la sacristie.

Elle avait le don de leur rendre ces réunions si attrayantes, que toutes s'y rendaient avec un pieux empressement. Plusieurs de ces jeunes enfants qu'elle avait ainsi mises dans le chemin de la vertu sont devenues des femmes fortes, des vierges édifiantes. Une d'elles, Thérèse Dumas, se fit Sœur de Charité, et elle est morte à Constantine en odeur de sainteté.

A part ces petites réunions de travail, elle en organisa d'autres plus sérieuses. Dans la causerie qui se fait tout en tirant l'aiguille, elle pouvait bien glisser quelques mots de Dieu, mais elle ne pouvait pas en parler à son gré. Alors elle eut l'idée de grouper autour d'elle toutes les personnes appartenant aux diverses confréries et les congréganistes. Presque tous les dimanches et surtout aux approches des grandes fêtes, elle les convoquait à la sacristie, et plus tard chez les Sœurs de la Sainte-Famille ; là, elle leur faisait une lecture spirituelle, qu'elle accompagnait de quelques pieuses réflexions. Elle commençait par résumer la conférence précédente, puis adressait quelques questions sur un sujet donné et le développait. En s'appuyant toujours sur un des saints livres, elle touchait habilement aux plaies qu'elle voulait guérir. On sentait combien ses pensées étaient justes, et rarement on sortait sans avoir pris une bonne résolution.

Pendant le saint temps de l'Avent et du Carême, ainsi qu'aux octaves de la Pentecôte et de l'Assomption, elle faisait encore chaque jour à ses disciples la lecture spirituelle, qu'elle accompagnait de quelque pieux commentaire toujours éminemment pratique. Elle avait le don de lire dans les âmes et de les guider. Du reste, cela lui était rendu facile par la confiance que l'on avait en elle. Il n'était personne qui ne lui confiât ses peines, ses chagrins. Elle savait donc parfaitement ce qui se passait dans l'intérieur des familles, et, avec sa perspicacité naturelle, elle voyait vite d'où venait la source des plaintes dont elle était faite dépositaire. Bien souvent, celle qui venait se désoler au sujet d'un mari, d'un enfant, d'une voisine, était la première cause de ce qui l'affligeait. Alors, saisissant l'opportunité d'une lecture, et s'adressant avec intention à celle qui en avait le moins besoin, afin de ménager l'amour-propre de celles qui se seraient trouvées atteintes et qui auraient pu croire leurs secrets révélés, elle montrait le remède et l'insinuait adroitement dans l'esprit de celles qu'elle voulait guérir. Chacune se retirait meilleure et contente de Mlle Noémi. Aussi on ne peut dire combien toutes l'aimaient, et combien elles étaient heureuses, quand l'heure de la réunion sonnait, de tout quitter pour se rendre auprès d'elle.

Les Enfants de Marie avaient de plus une conférence spéciale à la sacristie, tous les mois. Elle exerçait vis-à-vis d'elles une sorte de direction. Nous disons une sorte, car la vraie direction des âmes n'est pas, selon les vues de Dieu, la mission des femmes; leur rôle, dans la pensée du divin Auteur, est beaucoup plus modeste, nous en convenons très-bien.

Aussi, en multipliant, par toute sorte de moyens, son action dans la paroisse, Noémi n'oubliait point sa condition ; pleine d'une humble soumission à l'autorité, elle se serait bien gardée d'agir sans l'assentiment des prêtres chargés de la direction de la paroisse. Mais tous avaient été heureux de trouver en elle un si utile auxiliaire. Du reste, Mgr Thibault, qui avait succédé à Mgr Fournier dans le gouvernement de l'Église de Montpellier, avait apprécié Noémi comme son prédécesseur, et l'avait ouvertement encouragée dans sa mission de zèle et de dévouement.

M. Gayda, aujourd'hui curé de Mauguio, nous disait dernièrement : « Quand je fus envoyé à Vendé-
» mian, Mgr Thibault me dit : « Vous trouverez là-
» bas une personne très-remarquable : elle est
» adjointe à la mairie, aide au médecin, vicaire au
» Curé, laissez-la faire ! » Je suivis, ajoutait le véné-
» rable curé, le conseil de mon évêque, et je m'en
» trouvai bien. »

Souvent, en effet, le prêtre est arrêté dans l'exercice de son ministère par mille difficultés, et il y a quelquefois des cœurs et même des maisons qui lui sont irrévocablement fermés, le plus souvent à la suite de malentendus profondément regrettables. Noémi, comme un rayon de soleil, pénétrait partout. Elle éclairait, elle réchauffait, elle faisait passer dans les âmes l'action régénératrice de la grâce. Elle eut ainsi la consolation de ramener au giron de l'Église catholique deux de nos frères séparés : M. André Dumas, vers l'an 1852, et Mme veuve Saurin, en 1855, tous les deux nés dans le protestantisme.

CHAPITRE IX

Son zèle pour l'entretien de l'église

—◇—

Parmi les diverses œuvres qu'avait embrassées Noémi, une de celles qui avait le plus d'attrait pour elle était le soin de l'église. Après le zèle du temple spirituel, l'entretien du temple matériel où Dieu, comme dans l'âme du fidèle, a placé son tabernacle, faisait l'objet de sa sollicitude. Travailler pour son bien-aimé Maître, dans sa demeure et sous ses yeux, était son occupation la plus agréable. Au milieu de ses œuvres de charité, son âme semblait parfois se détacher d'elle-même pour aller faire une visite au Prisonnier du Tabernacle ; mais dans les soins qu'elle prenait du lieu saint, elle se trouvait vraiment en sa présence, et son travail lui-même contribuait à entretenir le feu sacré qui brûlait dans son cœur. Aussi rien n'était plus édifiant que de la voir s'acquitter de cet emploi. En la voyant balayer l'église, enlever la poussière, chasser les araignées, orner les autels, on sentait qu'elle était tout entière à son œuvre, il était facile de comprendre qu'elle jouissait de l'intimité de son Dieu.

Je n'oublierai jamais l'impression que j'en ressentis

moi-même la première fois que je la vis au milieu de cette humble et royale occupation. Je l'observais allant et venant dans le sanctuaire ; elle était visiblement pénétrée de la grandeur du ministère qu'elle exerçait. Quand j'entrai dans l'église, elle commençait à nettoyer les autels. Je m'appliquai à me dissimuler dans l'obscurité, de peur de voir finir trop tôt un spectacle pour moi si édifiant, je pourrais presque dire une vision céleste ; et depuis je me suis dit bien souvent que si les anges venaient apprendre aux mortels à rendre ces sortes de services au Roi du Ciel, ils ne feraient pas autrement que Noémi.

Tout ce qui concernait le culte divin était grand à ses yeux, et elle ne se serait pas permis la moindre négligence. Aussi, dans la crainte que la routine ne lui fît omettre ou oublier quelques-uns de ses devoirs sur ce point, elle avait eu le soin d'écrire ses principales actions. Voici ce que nous trouvons à ce sujet dans ses notes :

« Mes devoirs envers Dieu comprennent tout ce qui
» regarde l'Église et le culte divin, ainsi que ses mi-
» nistres ; rien de cela ne me doit être indifférent,
» cela constitue une partie de mes devoirs d'état ; et
» je dois me sentir infiniment honorée d'une fonc-
» tion si sublime que les anges du Ciel se disputeraient.
» Ils envient le bonheur de ceux qui y sont appelés
» sur la terre. Être préposé à l'entretien, au bon or-
» dre, au maintien de la propreté, de la décoration
» dans la maison de Dieu, quoi de plus grand ! Peut-
» on jamais en faire assez ? Y a-t-il quelque chose de

» petit ou qu'on puisse négliger quand il s'agit d'une
» si haute majesté ? Si l'on se croit honoré de rendre
» les plus humbles services aux rois de la terre, que
» doit-ce être de Celui du Ciel, du Roi des rois ? Rien
» de ce qui a trait à son culte et à l'ornement de ses
» autels ne doit paraître petit ; tout doit être traité
» avec distinction, et l'on doit se reprocher jusqu'à une
» souche de travers. Ce qui sert directement au saint
» Sacrifice demande un soin qu'on ne saurait exagé-
» rer. — Que le linge d'autel, les décorations exté-
» rieures du sanctuaire, les habits sacerdotaux soient
» pauvres ou usés, on peut le tolérer, c'est de la pau-
» vreté qui ne déplaît point à Dieu ; qu'ils soient mal-
» propres ou déchirés, c'est de la négligence, et elle
» est coupable. »

Les curés de Vendémian aimaient à faire visiter à leurs confrères leur église et leur sacristie pour leur montrer que si bien des choses étaient pauvres, tout y était admirablement tenu.

Les notes continuent : « Que les corporaux soient
» toujours sans taches et comme neufs ; que le pain
» et le vin, matière du saint Sacrifice, soient toujours
» frais, le pain sans tache ni fracture, le vin liquide
» et sans aucun mélange, qu'il ne soit ni trouble, ni
» acide.

» Il faut aussi que les vases sacrés soient toujours
» bien propres, sans rouille, ni poussière. Il suffit de
» rappeler à quoi ils sont destinés, et ce qu'ils con-
» tiennent ; on doit les nettoyer souvent et avec soin.

» Il ne faut jamais que les vêtements sacrés soient

» tachés, sales ou déchirés, il faut y remédier dès
» qu'on s'en aperçoit, faisant de même pour tout ce
» qui sert à décorer l'autel ou le sanctuaire. Il
» faut laver les linges d'autel tous les mois, s'il est
» possible.

» Il faut encore une grande propreté dans toute
» l'église pour l'autel, la sainte table, la chaire, les
» fonts du baptême, les bénitiers, les confessionnaux,
» les bancs, les armoires, les murailles, la voûte, jus-
» qu'au pavé ; et cela, depuis le sanctuaire jusqu'à la
» porte d'entrée, vitres, rideaux, boiserie, etc. Il est
» plusieurs de ces choses qu'il faut nettoyer ou frot-
» ter toutes les semaines, d'autres plus rarement.
» Ainsi, il suffira d'enlever les araignées de toute
» l'église deux fois par an, à Noël et à Pâques. Dans
» ces deux circonstances, tout doit se nettoyer, se
» frotter et approprier, tout jusqu'aux armoires.
» Plus souvent, on enlève les araignées qui seraient
» plus apparentes ; on frotte tous les huit jours l'au-
» tel, la sainte table, la chaire, boiserie, confession-
» nal, fonts du baptême, bancs ; on lave aussi les bé-
» nitiers, les burettes, le récipient ; on balaie l'église
» tous les lundis et samedis, on change tous les huit
» jours les purificatoire, lavabos, essuie-mains, les
» aubes, ainsi que les tours d'étole, quand ils sont
» sales.

» Il faut observer que les ornements soient bien
» placés dans les tiroirs et ne se froissent pas. Ou-
» vrir souvent les armoires, et, à certaines époques,
» tous les jours pendant qu'on est dans l'église, pour

» leur faire prendre l'air et les empêcher de se moi-
» sir.

» Je dois me faire un devoir de prêter et même
» de donner tout ce que j'aurais qui pourrait servir
» au culte et à la décoration des autels, m'estimant
» très-heureuse d'employer à cet usage le peu dont
» je puis disposer aujourd'hui. Si, plus tard, j'ai un
» peu de fortune et la liberté d'en user, rien ne me
» doit tenir tant à cœur. Je m'efforcerai d'entretenir
» le même zèle pour le culte divin chez tous ceux qui
» m'entourent. »

Noémi ne se contentait pas de tout soigner, il fallait
que rien ne manquât dans l'Arche Sainte. Quand elle
commença à s'en occuper, l'église de Vendémian subis-
sait encore les conséquences des mauvais temps qu'elle
avait traversés ; elle était loin de ressembler à ce qu'elle
est aujourd'hui : les ornements avaient été dispersés
ou détruits, les murs étaient lézardés, la toiture même
prête à s'effondrer. Noémi ne se découragea pas ; elle
commença par les réparations les plus urgentes.
Les revenus de l'Œuvre ne suffisant pas à ces dépen-
ses, elle fit appel, aussi souvent qu'il fut nécessaire, à
la pieuse générosité des paroissiens. Elle demandait à tous quelque chose, de l'argent quelquefois,
mais toujours du travail, des charrois, des matériaux.
Dans ces circonstances, les domestiques de la maison n'étaient pas oubliés ; ils donnaient l'exemple et
marchaient les premiers. Elle avait pris sur la population un tel ascendant que personne ne lui refusait ;
plus tard on s'était si bien accoutumé à la voir ainsi

tout disposer, qu'elle commandait plutôt qu'elle ne demandait, et qu'on trouvait cela presque naturel. D'ailleurs elle n'imposait à chacun que ce qu'il était en état de faire, et c'était avec la même grâce qu'elle acceptait l'humble aumône et le don plus considérable des personnes riches.

Le bon Dieu bénissait son zèle au-delà de ses espérances : tout ce qu'elle entreprenait était par elle mené à bonne fin. Souvent on ne pouvait s'expliquer d'où lui venaient les ressources. Les curés en étaient étonnés les premiers. « Tout, disait l'un d'eux, semblait se multiplier en ses mains ! »

Sa joie était grande quand les préparatifs achevés, les ressources acquises, elle voyait les ouvriers au travail, et l'œuvre qu'elle avait projetée en voie d'exécution ! Elle ne quittait plus le chantier, dirigeant les travailleurs et payant souvent de sa personne. Un ecclésiastique d'une localité voisine, étant venu lui faire une visite, fut fort étonné de la trouver dans l'église, au milieu des décombres, encourageant les travailleurs par son exemple, et faisant l'office de manœuvre. Il s'en retourna chez lui ravi de tant de zèle, et jusqu'à sa mort il en parla toujours avec l'accent de la plus parfaite admiration.

Grâce à ce zèle, l'église, en quelques années, fut réparée convenablement ; Noémi put alors s'occuper des détails : elle fit refaire et décorer à ses frais la chapelle de la Sainte-Vierge ; elle donna le maitre-autel, un tableau de Saint Marcellin, patron de la paroisse (qu'elle fit exécuter au Conservatoire, à Paris, par

M. d'Auvergne). Puis, elle transforma la sacristie comme elle avait transformé l'église ; Mgr Thibault voulut lui en témoigner sa satisfaction, en lui venant en aide par une offrande de quelque importance.

Plus tard, des dons considérables lui furent faits, et elle put renouveler, d'une manière presque somptueuse, le mobilier de l'église : chandeliers, candélabres, lampes, lingerie, vêtements sacerdotaux, etc.; c'étaient tous les ans des emplettes nouvelles. A ses derniers moments, elle laissait encore personnellement à sa famille le soin d'acheter pour la paroisse un calice de vermeil.

On peut dire avec vérité que le zèle de la maison de Dieu la consumait : « Le Roi du ciel, disait-elle » avec sa foi vive, habite ici ! que ne devons-nous » pas faire pour lui ? » Elle disait aussi souvent, pour exciter les fidèles à assister aux offices : « Le Tem- » ple de Dieu est surtout composé de pierres vivan- » tes ; c'est nous qui devons en être le principal orne- » ment. » Les jours de grande fête, où le lieu saint avait pu à peine contenir les fidèles, elle disait le soir : « Oh ! comme je suis contente aujourd'hui ! » C'était sa joie d'attirer à l'église tous ceux qu'elle pouvait, en tout temps, à toute heure ; la sanctification du dimanche par tous les habitants de la paroisse était pour elle l'objet d'une grande préoccupation, et l'on peut ajouter que ce zèle fut couronné de succès. Vendémian était sur ce point une paroisse modèle, et malgré le souffle de l'impiété, qui pénètre partout, cette paroisse est encore estimée une des meilleures de ce diocèse.

CHAPITRE X

Noémi quitte la maison paternelle pour entrer au couvent

——

Noémi, tout en travaillant avec ardeur à sa sancti-fication personelle, avait peu à peu étendu son zèle et son activité à toutes les œuvres qui ont pour but le bien du prochain. Elle s'était fait un devoir, comme nous l'avons dit, de veiller, dans la mesure qui lui était permise, à tous les besoins spirituels et temporels de la paroisse, et sa vigilance ne fut jamais en défaut. Cette préoccupation convenait d'ailleurs à son esprit : avec ce tact qui lui était propre, elle savait deviner les souffrances les moins visibles, et elle trouvait pour elles dans son cœur des trésors immenses de consolation.

Il lui manquait toutefois quelque chose. Elle n'était pas fixée dans sa voie. Jusqu'ici, elle avait laissé aller sa nacelle au cours ordinaire des choses, sans. tenter de le modifier, sans opposer aucune résistance : elle y avait vu l'ordre et la volonté de la divine Pro-vidence ; et cependant elle gardait toujours, vivant en son cœur, le désir de se séparer du monde pour se consacrer tout entière à la vie religieuse. Ce désir avait peu à peu pris une forme, un corps. A seize ans, elle rêvait d'entrer chez les Dames de Saint-Maur, afin de coopérer à la sanctification des jeunes personnes tout en les intruisant ; mais à mesure qu'elle avait vu de plus près les misères de l'humanité, elle s'était sentie attirée vers elles par ce penchant irrésistible qui s'appelle la vocation. Soigner les malades et les vieillards, abriter l'orphelin dans son cœur et sous son toit, consoler les malheureux, les indigents, sécher les larmes des affligés, c'était maintenant le besoin insatiable de son âme ; et comme il lui fallait aussi une vie de prière et d'immolation perpétuelle, elle crut voir toutes ces aspirations réalisées dans l'ordre religieux de la Charité Notre-Dame, dont les Sœurs desservaient alors, comme aujourd'hui, l'Hôtel-Dieu de Nimes. Ces religieuses, en effet, soumises à la règle de Saint Augustin unissent les vertus du cloître à tous les exercices de la charité. Quand on les a vues à l'œuvre, on ne peut se lasser d'admirer leur abnégation. Si ceux qui chassent de l'hospice ou de l'école ces anges de la terre n'étaient mus que par des sentiments d'humanité, ils se feraient avec nous leurs admirateurs et leurs panégyristes.

Noémi se détermina donc à entrer dans cet ordre. Le saint Prêtre qui la dirigeait depuis qu'elle était sortie du couvent, M. l'abbé Guibaud, de si respectable mémoire, crut ne devoir plus retenir cette volonté ardente, et il la laissa libre d'aller où son désir l'appelait.

Nous n'essaierons pas de peindre la joie de Noémi

lorsqu'elle reçut cette permission. Elle se hâta de faire ses préparatifs, et après avoir tout réglé à l'extérieur, elle disposa tout particulièrement son âme par une retraite de huit jours. Quelques fragments que nous trouvons dans ses notes donneront une idée de la droiture d'intention qui la guidait en tous ses actes :

« L'exercice pour connaître la vocation, dit-elle, est
» un des plus importants de la vie chrétienne ; il
» doit être fait avec une grande foi, une grande
» ferveur et une grande pureté d'intention, avec la
» volonté ferme de suivre la voie que le bon Dieu
» me fera la grâce de connaître et pour laquelle il
» m'a prédestinée de toute éternité. »

En terminant cette retraite (1839), elle jette d'autres réflexions sur le papier. Il lui a semblé reconnaître l'état où Dieu l'appelait, « celui pour lequel il lui a
» donné le plus de goût et d'aptitude..... Il n'est
» pas libre à moi, dit-elle, de changer les desseins
» de Dieu, et d'aller contre les vues de sa providence.
» Ce n'est que dans l'état qu'il me destine, que je
» trouverai les moyens de salut ; Dieu me donnera
» ces grâces fortes et puissantes avec lesquelles je
» me sauverai, en suivant la vocation qu'il m'a faite.
» Dans toute autre condition, je n'aurai que des
» grâces communes, suffisantes, mais avec lesquelles
» je ne me sauverais peut-être pas. »

Puis, inspirée sans doute par sa profonde humilité, elle ajoute : « Ma propre expérience me le prouve ;
» l'état où je suis n'étant pas le mien, je ne fais aucun
» progrès dans la perfection ; il y a quinze ans que je

» veux pratiquer la vertu, que je m'occupe de bonnes
» œuvres, et il me faut avouer, à ma honte, que je
» suis moins fervente, moins vertueuse, moins recueil-
» lie que lorsque j'ai commencé à servir Dieu. Cepen-
» dant les grâces ont été nombreuses; mais je n'en
» ai pas profité. . . . .

» Quand Dieu voulut que le peuple choisi le servît
» plus parfaitement, il dit à Moïse: «Sortez de l'Égypte,
» de la maison de servitude, et venez dans le désert;
» là vous m'offrirez des sacrifices et des prières mieux
» que dans le tumulte de l'Égypte. » Dieu dit aussi à
» Abraham : «Sortez de votre pays, quittez vos pa-
» rents, vos amis, vos biens et venez dans la terre que je
» vous montrerai. Prenez votre fils unique et allez sur
» la montagne, où vous me l'offrirez en sacrifice.» Avec
» quel serrement de cœur Abraham dut-il recevoir
» ces ordres, et qu'elle répugnance ne dut-il pas
» éprouver avant de les accomplir? Il ne diffère point
» cependant, il n'hésite pas, tant est vive sa foi et
» courageuse son obéissance. »

» Quittez, dit Notre-Seigneur à ses apôtres, vos
» barques et vos filets, je vous ferai pêcheurs d'hom-
» mes; » et les apôtres, sur le champ, quittèrent tout
» et suivirent Jésus.

» Que dit le divin Maître à ce jeune homme qui lui
» demandait: «Maître, que faut-il que je fasse pour
» avoir la vie éternelle. — Vendez ce que vous avez,
» donnez-le aux pauvres, et suivez-moi. — Maître,
» dit-il, permettez-moi d'aller ensevelir mon père
» qui est mort. — Laissez, dit le Seigneur, laissez aux

» morts le soin d'ensevelir leurs morts ; pour vous,
» suivez-moi. »

Noémi sortit donc de cette retraite, convaincue que Dieu l'appelait et décidée à rompre les liens qui l'attachaient à sa famille. Ses parents l'aimaient avec une sorte d'idolâtrie ; pleine d'affection pour eux, elle allait laisser à d'autres le soin de leur fermer les yeux ! Mais Dieu, qui de son sacrifice, comme de celui d'Abraham, ne voulait que l'assentiment intérieur, suffisant pour qu'elle en eût tout le mérite, semblait faire que chacun des liens qu'elle voulait rompre devînt de fer, et les lignes que nous venons de transcrire nous semblent témoigner de toute la grandeur de ses déchirements, comme de l'énergie de son obéissance.

En rentrant à Vendémian, elle s'empressa de préparer l'holocauste ; dès que tout fut prêt, elle se mit en route et se hâta, croyant gravir la montagne où l'immolation devait s'accomplir.

Jusqu'ici tout avait favorisé son dessein. Personne autour d'elle ne se doutait de la démarche qu'elle préparait et qu'elle avait tenue cachée à sa famille, dans la crainte de rencontrer un obstacle dans la volonté de ses parents. Elle partit enfin, sous prétexte d'un voyage à Montpellier, et dit un adieu qu'elle croyait définitif à la maison paternelle.

Mais l'obstacle lui vint du côté où il était le moins attendu. Dieu avait vu sa bonne volonté, son désir ferme et sincère de se consacrer entièrement à son service. Il n'en voulait pas davantage ; sa servante

devait avoir tout le mérite de l'immolation religieuse ;
mais c'était à d'autres œuvres qu'elle était prédestinée. Comme au patriarche de la Chaldée, l'ange du
Seigneur allait lui dire : « Il suffit, je suis content
de ton obéissance. »

Malgré le secret dont elle s'était entourée, le bon
Dieu avait permis que son départ éveillât des soup-
çons. Sa mère, préoccupée de ce voyage auquel
elle ne savait quel motif donner, eut des pressenti-
ments. Elle part aussitôt, quelques heures à peine
après sa fille, et va trouver M. Guibaud qui pouvait
mieux que personne lui donner le mot de l'énigme.
En même temps, elle fait à ce saint prêtre un tableau
si véhément de la situation de Noémi dans la paroisse,
du bien qu'elle peut faire autour d'elle par sa position
sociale et son ascendant personnel, du bien qu'elle y
a déjà fait, que M. Guibaud, jusque-là indécis, mais
éclairé enfin par cette révélation sur des choses que
Noémi n'avait pu songer à lui dire, que son humilité
ne lui avait pas permis à elle-même de soupçonner, vit
clairement que la place de cette belle âme était dans
le monde, et qu'au lieu de l'entourer de grilles, il fallait laisser épanouir cette fleur dans le vaste champ du
père de famille, où elle répandait la bonne odeur de
Jésus-Christ.

Il laissa donc parler Mme Cellier sans l'interrompre;
il recueillit surtout la promesse qui lui était faite que,
si Noémi revenait, aucun membre de la famille ne
contrarierait en rien ses pieux et charitables penchants:
« Elle sera libre, disait Mme Cellier, d'employer à ses

» prières tout le temps qu'elle voudra, de prendre dans
» la maison tout ce que bon lui semblera pour ses
» aumônes ; pourvu qu'elle nous revienne, personne
» ne l'entravera, ne la gênera en rien. » Et sur cette
promesse, le saint directeur consola la mère, et lui
promit qu'elle ramènerait sa fille avec elle.

Noémi était encore à Montpellier, et dans son ignorance de ce qui se passait, elle commençait à goûter
la joie intime qui suit l'oblation. Impatiente de prendre
rang dans la famille spirituelle qu'elle s'était choisie,
elle entrevoyait le rivage, elle croyait entrer au port,
et voilà qu'il lui fallait de nouveau revenir en pleine
mer. Quel ne dut pas être le brisement de son cœur!
Ceux-là seuls qui ont éprouvé une peine semblable
peuvent comprendre celle de Noémi en cette circonstance. La Foi, qui l'avait soutenue dans son premier
sacrifice, vint encore à son aide dans celui-ci ; elle
inclina la tête et prononça son *Fiat!*

CHAPITRE XI

Noémi rentre dans sa famille

———

Le retour de Noémi à Vendémian fut une vraie joie pour la paroisse que son départ avait plongée dans une sorte de deuil. Chacun se sentait heureux de l'assurance qui était donnée à tous, au nom de sa famille, qu'elle ne penserait plus maintenant à les quitter. Les pauvres vieillards qui la regardaient comme l'appui de leurs vieux ans, les orphelins, les malades, tous les malheureux qui étaient secourus de sa main ou de son cœur, semblaient renaître à la vie et se dilataient à cette pensée que leur bonne demoiselle leur resterait toujours.

La sainte fille était loin d'être aussi satisfaite. Cependant elle se soumit avec résignation à la volonté de Dieu, qui lui avait été si clairement manifestée par son Directeur ; n'ayant plus maintenant à regarder dans l'avenir pour y chercher de meilleurs moyens de perfection, elle se fixa pour jamais dans la voie qu'elle avait suivie jusque là ; et s'efforça d'atteindre aux plus sublimes hauteurs de la sainteté, dans la position qui lui était faite.

» Quoique obligée de rester dans le monde, écrit-elle

» dans ses notes, je ne dois pas pour cela oublier ma
» vocation, je dois me demander souvent quelle est ma
» destinée et les desseins de Dieu sur moi ; il ne me
» suffit pas de suivre une voie commune et ordinaire ;
» les conseils évangéliques deviennent des préceptes
» pour moi. Si le Bon Dieu ne permet pas que je
» fasse profession dans un monastère, je ne suis pas
» dispensée d'acquérir l'esprit religieux et d'en rem-
» plir les devoirs ; je dois, autant que possible, con-
» former en tout ma conduite aux règles du cloître,
» me bien prémunir contre le monde et ses scandales,
» mener une vie bien recueillie, bien intérieure, et
» en même temps occupée aux œuvres de charité. Je
» dois, en un mot, être religieuse d'esprit et de cœur,
» de sorte qu'il ne me reste qu'à revêtir le saint habit,
» si le bon Dieu le veut un jour. »

Le digne prêtre qui était alors à la tête de la paroisse (1) avait été admirablement choisi par la divine
Providence pour la guider dans la voie sublime à
laquelle elle aspirait. Comprenant la tâche qui lui
incombait, il ne négligea rien pour hâter les progrès
de cette âme ardente et lui faire gravir les sommets
élevés de la plus haute perfection. Après lui avoir
tracé un règlement de vie dont nous parlerons plus
loin, il lui permit de consommer en son cœur l'holocauste qu'il ne lui avait pas été donné d'offrir à Dieu
dans le cloître.

Noémi, qui ne prenait aucune détermination sans y

____

(1) M. Gayda.

avoir longuement réfléchi, se prépara à ce grand acte par une retraite de quelques jours. Elle commença par examiner scrupuleusement devant Dieu les motifs qui devaient lui faire accepter la décision qui la retenait dans le monde. Voici ce que nous trouvons à ce sujet dans ses notes:

« Deuxième examen sérieux sur ma vocation, et
» sur les motifs qui peuvent me retenir encore dans
» le monde. — Après une méditation pour me mettre
» bien devant les yeux que Dieu m'a fait une destinée
» en me créant ; que ce n'est pas à l'aventure qu'il
» m'a jetée sur la terre, mais pour remplir un emploi
» qu'il me destine particulièrement, comme un père
» qui donne telle charge à tel fils, etc., etc., ou comme
» le corps humain dans lequel chaque membre doit
» remplir sa fonction..... je conclus que nous avons
» une vocation, et qu'il faut la suivre, si on ne veut
» pas troubler l'ordre de la Providence, et être un
» os disloqué. Il faut la suivre, parce que ce n'est
» que là que nous aurons les grâces fortes pour nous
» sauver......

» Mais, maintenant, l'ai-je examinée à temps ? On
» m'a dit pour cela que je pouvais rester tranquille,
» que j'avais fait tout ce qu'il faut raisonnablement.
» J'y ai pensé, je m'en suis occupée dès l'âge de quinze
» ans ; j'ai prié, j'ai consulté, j'ai mené une conduite
» assez bonne pour que Dieu m'éclairât, s'il l'avait
» jugé à propos. Comme la vocation est la grâce
» des grâces, comment croire que Dieu me l'eût refu-
» sée, tandis qu'il m'en a accordé d'autres, et que sa

» Providence, qui m'a conduite par la main pour me
» retirer de tant de dangers, me détourner ou éloi-
» gner des occasions, m'eût abandonnée dans la plus
» importante? Je suis obligé de reconnaître que,
» comme rien n'arrive sans l'ordre et la permission
» de Dieu, il a permis que, quand il s'est agi de
» suivre ma vocation, mes confesseurs et directeurs
» n'ont jamais voulu me donner une décision précise
» et déterminée, car alors j'aurais embrassé une vo-
» cation apparemment différente de celle que j'ai lieu
» de croire être celle que Dieu m'a faite, et dont je
» me repentirais déjà ! — C'est donc par la permis-
» sion de Dieu que mon Directeur, homme prudent,
» saint et éclairé dans la conduite des âmes, n'a jamais
» rien décidé à ce sujet, quoique je lui en aie parlé dans
» tous les temps. — Ce n'est pas moi qui devais pro-
» noncer dans une affaire si importante. Si j'ai été in-
» décise, c'est qu'on ne m'a pas éclairée. — Il n'en
» est pas de même aujourd'hui ; ma position a changé,
» et j'ai, sur l'état de vie qui me convient, autant de
» lumières qu'on en puisse désirer. — C'est encore
» une permission de Dieu qui, en cela comme par le
» passé, a des desseins de miséricorde sur moi, qui me
» comble de ses grâces les plus signalées, qui m'en-
» toure des moyens les plus puissants, qui me traite
» de la manière la plus attentive qu'on puisse imagi-
» ner. — Je dois profiter.... profiter.... le moment
» de la grâce passe et quelquefois ne revient plus,
» surtout s'il est méconnu.

   » Après avoir examiné les différents état de vie, je

» suis forcée de convenir que l'état de célibat dans le
». monde est celui qui offre pour moi le plus de sûreté ;
» que je puis y avoir tous les avantages de la vie re-
» gieuse sans en avoir les inconvénients ; que je puis
» y suivre tous les penchants, toutes les aptitudes
» diverses que Dieu m'a données ; tandis qu'en reli-
» gion on n'est appliqué qu'à une seule chose qui
» pourrait n'être ni dans mes goûts ni dans mes ap-
» titudes. Par ma position, je suis libre, ne répondant
» que de mes actions, n'étant chargée de rien, ni de
» personne. — Cependant, je ne dois pas me décider
» pour l'état qui me paraîtrait le plus facile, ni quit-
» ter celui qui m'offrirait le plus de difficultés. —
» Après mûr examen, j'ai reconnu que l'état de ma-
» riage n'est pas ma vocation (1) ; que la vie religieuse
» aussi semble peu me convenir, parce qu'on n'y a

(1) Il serait difficile d'admettre que Mlle Cellier, avec une intelligence peu commune, un extérieur qui laissait peu à désirer, une
aisance plus que suffisante et une naissance honorable, n'ait pas
été recherchée par quelque famille respectable et désireuse de se
l'attacher, et que ses parents n'aient pas reçu à son intention des
propositions d'établissement. Nous savons qu'il en fut ainsi, et
néanmoins on nous pardonnera de ne pas entrer dans des détails.
Nous risquerions de trahir des secrets de famille, que les conve-
nances les plus simples nous font un devoir de respecter. Tout ce
que nous pouvons dire à ce sujet, c'est que le mirage d'une belle
position, offerte par l'intermédiaire d'un personnage de très-haut
rang dans le meilleur monde de la contrée, fut impuissant à
l'éblouir, et qu'elle persista fermement dans ses résolutions, si
fermement, que de nouvelles avances ne furent plus tentées dès
qu'on connut la détermination arrêtée de la jeune et fervente
chrétienne.

» qu'un emploi, qu'un but. A la face de Dieu, je suis
» obligée de reconnaître qu'il m'a donné un peu de
» lumière pour instruire les ignorants, un peu d'apti-
» tude pour consoler les affligés, exhorter les pécheurs,
» ranimer les faibles, soigner les malades, panser
» leurs plaies, les soulager dans les différentes mala-
» dies, les aider à bien mourir ; un peu de ressources
» pécuniaires pour venir au secours des pauvres. —
» Dois-je enfouir ces dons que Dieu m'a faits et qui
» sont pour moi le principe d'un grand devoir ? Et un
» état qui me permettrait ou me faciliterait le moyen
» de le remplir ne serait-il pas le mien ? Il y aura
» toujours ici des malades à soulager, des pauvres à
» assister, des vieillards, des enfants à instruire, des
» malheureux à consoler, des faibles à encourager, à
» soutenir, des pécheurs à convertir, une église à te-
» nir propre et décemment ornée. — Comment me
» trouverais-je, au contraire, dans un couvent, occupée
» peut-être à la lingerie ou à la cuisine ? Pourquoi
» toutes ces aptitudes qui constituent la vocation et qui
» sont marquées chez moi d'une manière si forte et si
» sensible, s'il ne faut pas y voir un indice de la vo-
» lonté de Dieu ?

» Toutefois, en examinant cet état à tous les points
» de vue, il m'a semblé que cette vie au milieu du
» monde, après la mort des parents, doit être péni-
» ble, isolée, difficile. On m'a répondu qu'il n'en est
» pas toujours ainsi....

» Il semble que, dans un couvent, il est plus facile
» de se sauver, et qu'on y trouve plus de moyens de

» sanctification, mais cela n'est vrai que pour ceux qui
» y sont appelés. Suivre sa vocation, n'est-ce pas ac-
» corder l'état de vie que nous embrassons avec nos
» dispositions et nos aptitudes naturelles ? Non, tou-
» tefois, qu'on doive renoncer à une vocation à cause
» des peines que nous y trouverions, ces peines pouvant
» être une partie du sacrifice exigé de nous. Si mes
» confesseurs n'ont rien prononcé sur ma vocation,
» s'ils ont toujours suspendu leur jugement et m'ont
» laissé faire plutôt que de me donner une décision ;
» si moi-même j'ai été si longtemps hésitante, n'est-ce
» pas une marque que l'appel de Dieu n'y était point ?
» L'opposition de mes parents pourrait être considérée
» comme un obstacle humain ; mais si les parents
» ne décident pas la vocation des enfants, ils ont
» bien, même dans cet ordre de choses, quelque auto-
» rité, et les considérations qu'ils ont exposées à mon
» Directeur ont été bien accueillies par lui, et ont fait
» pencher sa décision, jusque là douteuse.

» J'ai encore l'opinion des personnes qui me con-
» naissent de près ; toutes s'accordent à dire que je ne
» serai jamais religieuse, et que ma place est dans le
» monde. Il faut bien que l'on reconnaisse en moi
» trop de défauts. En m'entretenant dans ces désirs,
» j'ai été peut-être le jouet du démon, et je n'ai fait
» aucun bien. Je suis donc les mains vides, une véri-
» table servante inutile et même très-coupable, puis-
» que j'ai laissé passer les occassions favorables sans
» faire le bien. Malheur à moi de ce que je suis si
» éloignée de posséder ce que l'on croit que j'ai de
» vertu !.....

» Donc après avoir prié, réfléchi, après plusieurs
» méditations. Celui qui me tient la place de Dieu a
» décidé que Dieu me voulait réellement au milieu
» du monde. Je me soumets à cette décision, et je
» suis bien déterminée à rejeter toutes les peines qui
» me viendraient à ce sujet, toutes les pensées qui
» me fourniraient des craintes sur ma vocation ou qui
» me porteraient à l'examiner encore. Elles vien-
» draient du démon, qui voudrait ainsi me faire per-
» dre un temps infiniment précieux, me détourner de
» mes devoirs véritables, et m'amuser avec des chi-
» mères. Si je l'écoute encore, la dernière heure va
» peut-être sonner pour moi, et je paraîtrai devant
» Dieu sans avoir rien fait pour lui. Au lieu donc de
» me désoler et de ruiner ma santé, je dois me sou-
» mettre à la divine Providence, et commencer une
» vie nouvelle, tout opposée à celle que j'ai menée
» jusqu'ici, et qui a été si vide et si inutile.

» Pour cela je dois m'appliquer à connaître mes
» devoirs, et les remplir ensuite en m'y portant de
» toute l'étendue de mon être et de ma volonté, et
» cela malgré les répugnances de la nature et les
» contradictions qui pourraient surgir. Je dois avoir
» sans cesse présente à l'esprit cette pensée : Pour-
» quoi suis-je dans le monde et dans cette position,
» libre, indépendante, pouvant m'occuper de toute
» espèce de bien ? C'est afin que j'embrasse toutes les
» bonnes œuvres, que je mette tout à profit pour le
» ciel ; en un mot, que je fasse tout le bien qui se
» présentera à faire partout où je serai. Toute mon

» occupation sera donc de n'omettre aucune bonne
» œuvre spirituelle ou corporelle. Certainement l'en-
» treprise est grande, mais je puis compter sur le
» secours de Dieu. Il n'exige rien au-dessus de nos
» forces, et il est toujours près de nous pour nous
» donner sa grâce, avec laquelle on peut tout. Je puis
» tout en Celui qui me fortifie.

» Mes obligations se réduisent à trois chefs : *Dieu*,
» le *prochain* et moi-même.

» 1° Pour ce qui me concerne, je n'ai qu'à garder
» le règlement de vie tel qu'on vient de me le tracer ;
» seulement, je ne dois pas me contenter de connaî-
» tre les règles, mais je dois les remplir avec la plus
» scrupuleuse exactitude pour le temps, les lieux, les
» circonstances. A quoi me servirait d'avoir un rè-
» glement si parfait, si je ne le mettais en pratique ?
» il serait un jour la matière de mon jugement et ma
» condamnation (1).

» 2° Mes devoirs envers le prochain comprennent
» tout ce que je dois à mes parents et aux membres
» de ma famille et de ma maison ; puis à tous les ha-
» bitants de la paroisse, tant sous le rapport spirituel
» que sous le rapport temporel.

» 3° Pour bien remplir mes devoirs envers Dieu,
» je dois m'appliquer à vivre d'une vie très-intérieure,

(1) Nous avons entre les mains ce document précieux. Il con-
tient des règles pour la vie entière, et il est écrit en vue de la plus
haute perfection. Noémi y a été fidèle jusqu'à son dernier jour.

Ce règlement, trop long pour être ajouté à l'ouvrage, pourra
être plus tard publié séparément.

» tout unie à lui, et de plus, je dois avoir le plus
» grand soin de l'église et de tout ce qui touche au
» culte divin.

» Je m'appliquerai, du reste, à m'instruire de tou-
» tes les obligations que m'imposent ces différents
» devoirs, afin de ne rien laisser en souffrance ni en
» moi, ni autour de moi. »

CHAPITRE XII

Noémi se consacre à Dieu par des vœux

Noémi, fortifiée par les réflexions qu'elle avait prises pendant cette retraite, se releva avec courage, et embrassant la croix de son cher Maître, elle s'y attacha avec toute la générosité dont son grand cœur était capable. Son sacrifice fut complet. Jusqu'ici elle avait été obligée de se prêter quelquefois aux exigences de la société ou de la vie de famille, de paraître dans le monde. Elle s'était contentée aussi de renouveler tous les ans le vœu temporaire de virginité qu'elle avait fait en sortant du couvent Elle voulut le rendre définitif. Son âme avait besoin de se donner entièrement et pour toujours. Elle venait d'avoir son Gethsémani, il lui fallait le Golgotha.

Trois clous avaient fixé à la croix la grande victime du monde, mourant pour nous sauver de l'abîme qu'avaient creusé sous nos pas l'amour des richesses, la sensualité, la volonté propre. Trois vœux rivèrent notre douce victime à la croix de Celui qu'elle avait choisi pour époux, et auquel elle voulait désormais tout-à-fait ressembler : pauvreté, chasteté, obéissance. Et comme elle ne voulait rien à demi, elle s'en-

gagea à pratiquer dans leur plus large acception
les obligations qu'elle contractait : contrat mystique
dont les anges furent les témoins, et où le divin fiancé,
en échange de la donation totale qu'il recevait, assurait à sa bien aimée servante un douaire d'une valeur
inestimable, « c'est-à-dire, selon la belle pensée de
» Mgr de Ségur, l'immortalité bienheureuse, la parti-
» cipation à la béatitude des anges, le triomphe sur
» la mort, l'affranchissement du péché et l'héritage
» du royaume des cieux (1). »

Fidèle à ses habitudes, Noémi ne manqua pas d'étudier à fond ses nouveaux devoirs ; et, comme toujours,
pour ne rien omettre, elle fixa sur le papier le
résultat de ses réflexions. Laissons-la parler elle-
même :

» Appelée par la force de ma vocation à prononcer
» les vœux de religion, et ne pouvant pas entrer en
» communauté, je ne suis pas dispensée pour cela de
» les faire et de les garder dans ma position. Les
» conseils évangéliques deviennent pour moi des
» préceptes, et je ne puis faire mon salut qu'en sui-
» vant la voie qui m'est assignée de toute éternité :
» c'est la voie de la perfection chrétienne au milieu
» du monde.

» *De la pauvreté.* Elle consiste pour l'extérieur
» dans le vêtement, la nourriture, le logement ou
» ameublement. Il faut que je me comporte toujours
» avec gravité, mais avec simplicité : point d'affecta-

(1) *Chrétien vivant en Jésus,* page 79.

» tion dans la manière de parler, la démarche, ou le
» maintien. Je dois éviter de rechercher la société
» des personnes distinguées par le rang ou la science,
» me mêlant de préférence parmi les pauvres, recher-
» chant leur compagnie, les secourant dans tous leurs
» besoins, et, de préférence aussi, leur rendant les
» petits services qui sont en mon pouvoir ; parlant à
» tout le monde, avec douceur et ne cherchant pas à
» briller ; me servant des expressions communes,
» évitant de faire le bel esprit et de me faire remar-
» quer dans les conversations; cédant à tout le monde,
» me regardant comme la dernière de tous et la plus
» pauvre devant Dieu. Dans le vêtement, choisir les
» étoffes communes et les moins chères, les couleurs
» sombres, les petits dessins, surtout point d'étoffes
» de soie ou de grand prix ; fuir tout ce qui sent le
» luxe et la vanité. Pour tous les habits de dessus
» ou de dessous, ne pas tenir à en avoir beaucoup,
» me contenter du nécessaire, pour me tenir propre-
» ment selon mon état de pauvre ; retrancher le su-
» perflu.

» Pour la nourriture, choisir autant que possible
» les mets les plus grossiers et ceux dont se nourris-
» sent communément les pauvres, mangeant de pré-
» férence la soupe, le bouilli, les légumes ; évitant de
» manger des friandises et des mets recherchés ou
» trop chers ; me contentant, si je le puis, d'un seul
» plat, puisque le pauvre n'en a pas davantage, ne
» recherchant pas les mets bien préparés, mais les
» plus mal assaisonnés ; ne mangeant pour dessert que

» les fruits du pays, recueillis dans la maison. La
» charité ou la bienséance pourra parfois nous per-
» mettre d'ajouter un peu plus à nos repas, comme le
» pauvre, quand il reçoit ses amis, fait son possible
» pour les régaler.

» Pour l'ameublement, je choisirai les choses sim-
» ples, les moins précieuses, me contentant de vieux
» meubles, de tableaux communs ; point de fauteuils
» ni de tapis ; un lit qui ne soit point mollet, pas de
» couvertures de soie ; pour draps de lit, les moins
» fins ; pour couvertures, les moins belles ; tout ce
» qui ressemble le mieux aux appartements des pau-
» vres et à leur mobilier.

» La pauvreté d'esprit consiste à reconnaître devant
» Dieu notre pauvreté et notre misère. — « *Rappe-*
» *lez-vous que vous êtes pauvre, misérable et nu.* »
» — N'ayant rien de soi et ne pouvant rien faire,
» pas même prononcer le saint Nom de Jésus sans le
» secours de la grâce, ayant besoin que Dieu nous
» assiste à tout instant. — Ainsi, il faut reconnaître
» notre misère et notre indigence pour si haut que la
» Providence nous ait placés, puisque nous tenons
» tout de Dieu. — Nous sommes venus au monde nus,
» et nous rentrerons nus dans le sein de la terre. —
» Il faut concevoir une grande estime de la pau-
» vreté et l'affectionner de tout son cœur, rappelant
» ces paroles : « Malheur à vous riches, bienheureux
» les pauvres d'esprit. » Jésus-Christ a choisi la pau-
» vreté pour son apanage en venant dans le monde ; or,
» comme il a embrassé ce qu'il y a eu de plus parfait,

» il aurait pris rang parmi les riches, si la richesse lui
» eût paru préférable. — Il a choisi des parents pau-
» vres, il est né dans une étable, manquant de tout,
» même du nécessaire ; il a vécu dans la pauvreté et
» il est mort sur une croix. Nous ne serons sauvés que
» tout autant que nous serons trouvés conformes à
» Jésus-Christ, le modèle des prédestinés. — Ayons
» une grande estime pour la pauvreté ; elle est préfé-
» rable à tous les trésors de la terre. Je dois détacher
» mon cœur de toute affection aux richesses, ne cher-
» chant à rien posséder sur la terre, usant des choses
» nécessaires conformément à la volonté de Dieu, mais
» sans tenir à rien, en usant comme n'en usant pas ;
» être bien aise quelquefois de manquer même du né-
» cessaire, estimant les pauvres comme les bien-aimés
» de Dieu, ses plus chers favoris. Le *vrai pauvre* doit
» avoir le cœur dégagé de toute affection et attache
» aux choses même nécessaires, être enclin à se priver
» de toutes les aises et commodités de la vie. Aussi
» tous les fondateurs d'ordres ont-ils fait pratiquer la
» sainte pauvreté, et l'on voit que mieux elle est gar-
» dée, plus les religieux sont fervents et réguliers.
» Les couvents ne se relâchent que quand ils veulent
» être riches. C'est la pauvreté des premiers fidèles
» qui a fait briller la primitive Église, et le relâche-
» ment n'est venu qu'à la suite des richesses.

» Puisque la sainte pauvreté est si estimable et
» qu'elle doit être désormais mon partage, je dois
» aussi aimer les pauvres, les estimer, me plaire en
» leur société, la préférer à celle des riches, leur ren-

» dre tous les services qui sont en mon pouvoir, per-
» suadée que les pauvres sont les enfants de la Pro-
» vidence, que Dieu les protége d'une manière toute
» particulière, qu'il tient pour fait à lui-même ce que
» l'on fait au pauvre, qu'il récompensera le verre
» d'eau froide, c'est-à-dire le plus petit service rendu
» en son nom.

» Il ne faut pas considérer le mérite personnel des
» pauvres. S'ils sont ce qu'ils doivent être, ils sont
» les membres souffrants de Jésus-Christ, direc-
» tement appelés à son royaume, et ce sont eux qui
» doivent nous en ouvrir la porte. Dans tous les
» cas, ils sont nos frères, ayant la même origine que
» nous, destinés aux mêmes fins, et, comme nous,
» appelés à régner éternellement dans le Ciel.

» *Vœu de Pureté.* — Dieu a une grande estime pour
» la pureté. Ses plus grandes faveurs sont pour les
» vierges. Il est esprit infiniment pur , infiniment
» saint, la sainteté même, et rien ne lui plaît tant
» que de voir pratiquer sur la terre la vertu des An-
» ges. Dieu a d'ailleurs fait comprendre combien
» cette vertu lui est agréable, en la choisissant pour
» son partage. Dans sa venue sur la terre, il a
» voulu une Mère vierge ; son père d'adoption était
» vierge ; son disciple préféré, vierge ; ses plus grands
» éloges sont pour les vierges ; c'est à eux qu'il est
» donné de chanter l'immortel cantique, et de suivre
» l'Agneau partout où il va. La pureté reluisait telle-
» ment dans tout l'extérieur de Notre-Seigneur Jésus-

» Christ, que jamais ses plus cruels ennemis n'ont
» pu l'accuser à ce sujet.

» Par ce vœu, l'homme devient semblable à l'ange ;
» il a même plus de mérite, puisqu'il a à combattre
» contre une nature qui se révolte sans cesse, tandis
» que l'ange en est exempt. Il faut une grande vigi-
» lance sur tous les sens, si l'on veut se conserver
» pur au milieu d'un monde corrompu et corrupteur.
» Voyons les moyens à prendre. Si la vigilance
» est recommandée à tout le monde, elle l'est surtout
» à la vierge chrétienne. Elle doit veiller sur ses
» yeux, ses oreilles, sa langue, ses mains, sur son
» maintien, sa démarche, ses pensées, ses actions et
» affections.

» Veiller sur ses yeux, c'est les tenir toujours mo-
» destement baissés, ne les laissant pas errer en tout
» sens, ne s'en servant que par nécessité et avec pru-
» dence. La vierge chrétienne ne doit jamais se per-
» mettre de regarder un homme en face, et si cela lui
» arrivait involontairement, elle devrait, dès qu'elle
» s'en aperçoit, détourner la vue. C'est par les yeux
» que la mort entre dans l'âme. Je dois voiler mes
» yeux par mes paupières, me rappelant qu'ils de-
» vraient être voilés par le voile de la religion.

» Veiller sur ses oreilles, c'est ne rien écouter qui,
» de près ou de loin, soit contraire à la sainte pureté,
» comme les conversations légères, les récits d'intri-
» gues, les paroles à double sens. Si on parle ainsi en
» ma présence, je dois garder le plus grand sérieux
» et imposer silence, si je le puis. En un mot, je dois

» veiller sur tout mon être, afin que pensées, paro-
» les, actions et affections ne soient que pour Dieu
» seul.

» Je dois travailler à acquérir une grande pureté
» d'intention et tirer de toutes mes actions des con-
» sidérations pieuses, m'élevant ainsi par les choses
» terrestres à l'amour des biens célestes, détachant
» surtout mon cœur de toute affection trop forte aux
» créatures, ne me partageant pas, afin de ne pas irri-
» ter le Dieu jaloux qui me veut toute sans réserve
» et sans partage. Par tous ces moyens, je pratique-
» rai autant que possible le vœu de pureté, que je
» vais faire quoique dans le monde, après avoir tâché
» de me prémunir contre ses scandales et ses piéges,
» ainsi que contre sa mauvaise foi.

» *Du vœu d'Obéissance.*— Ce vœu m'oblige à obéir
» à mes supérieurs temporels et, dans l'ordre spiri-
» tuel, à mon confesseur et directeur. Je dois aussi
» obéir *exactement* à mon règlement de vie comme
» j'obéirais à la règle de la communauté, me confor-
» mer à l'esprit de mes vœux, me détacher de tout,
» ne tenir à rien, pas même au plus petit objet, ne me
» rien approprier et ne me croire propriétaire d'au-
» cune chose, être disposée à tout céder, me conten-
» ter des choses communes et ordinaires, n'en usant
» que par nécessité, sans m'y attacher, me tenant
» prête à tout quitter au premier signe de la volonté
» de mes supérieurs, observant de ne pas dire :
» *ceci m'appartient, c'est à moi, j'en suis proprié-*
» *taire.*

» Puisque je suis appelée à la vie active, et au
» soulagement de l'humanité souffrante , je dois
» encore, pour accomplir mon vœu d'obéissance, rem-
» plir aussi bien que possible les devoirs de ma voca-
» tion, visiter les malades, les servir et leur procu-
» rer les consolations spirituelles. Aucune bonne
» œuvre ne me doit être étrangère. Je dois me prêter à
» toutes avec tout le zèle dont je suis capable. Ma
» position me mettant dans l'heureux état de faire le
» bien, je dois en profiter , et ne laisser passer
» aucune occasion de le faire ; Dieu me fera rendre
» un compte sévère du bien que j'aurai omis. Il faut
» que je commence tout de bon à bien remplir mes
» devoirs , ou bien je serai punie, comme l'économe
» infidèle ou le serviteur paresseux. »

Et toujours méfiante d'elle-même et prête à s'accuser, elle ajoute : « Je dois me prémunir contre mon
» peu de fermeté dans la vertu. Je suis très-facile à
» émouvoir, mais les bons sentiments s'effacent vite ;
» je prends beaucoup de résolutions, mais je n'en tiens
» aucune ; je désire avancer dans la vertu , mais le
» moindre obstacle m'arrête et me fait même reculer;
» quelquefois, je me laisse rebuter par la plus légère
» contradiction ; aucun bon sentiment ne se grave
» profondément dans mon esprit ni dans mon cœur ;
» il est effacé par celui qui suit ; je dois me corriger
» tout de suite de cette grande légèreté ou mobilité
» de caractère ; je suis toujours en mouvement comme
» les plumes que le vent emporte ; je ne me possède
» jamais paisiblement, tranquillement ; je suis comme

» les flots d'une mer agitée : une vague est suivie
» d'une autre et encore d'une autre, mais sans laisser
» aucune trace; ce mouvement continuel fait rejeter à
» la mer tout ce qu'elle reçoit, elle ne garde rien : telle
» est ma triste position ; mes bons sentiments se suc-
» cèdent et se poussent comme les vagues, je rejette
» sans cesse les grâces, et je perds par le mouvement
» le saint recueillement et le fruit du peu de bien que
» le bon Dieu me permet de faire.

» Il faut que je commence tout de suite à me cor-
» riger de cette légèreté, et que je travaille avec la
» grâce de Dieu à acquérir le saint recueillement.
» Combien coupable ne serais-je pas, si, connaissant
» la voie, je ne la suivais pas ! Il eût alors mieux valu
» que je l'eusse ignorée, ma culpabilité eût été moins
» grande. Quel malheur ne serait pas le mien, si je ne
» profitais pas de tant de secours, si je ne marchais
» pas tandis que j'ai la lumière !

» Il est en mon pouvoir d'acquérir de grands méri-
» tes en peu de temps, avec la grâce et le secours de
» Dieu ; il dépend de moi que tous mes jours soient
» comptés pour l'éternité bienheureuse : je n'ai qu'à
» être fidèle à mes engagements et à faire toutes mes
» actions pour Dieu et pour mon salut.

» Quel ne serait pas mon bonheur et ma consola-
» tion, même dès cette vie, si je mettais en pratique
» tous les conseils qu'on m'a donnés ! je pourrais
» alors, avec une juste confiance, espérer en Dieu et
» en ses divines miséricordes, et compter sur ses
» promesses.

» Puisqu'il ne dépend que de moi, et que votre
» grâce ne me sera point refusée, j'ose vous dire :
» Seigneur, je commence à vous servir avec fidé-
» lité ! »

Pour compléter ce que notre sainte jeune fille
arrêtait en son cœur et signait de sa main, nous
devons ajouter qu'elle se hâta de conformer sa vie à
ses sentiments; tout son extérieur fut modifié : foulant
aux pieds les ajustements et les parures que sa position sociale l'obligeait à porter, elle adopta le costume
de la pauvreté, et sous ces livrées, qui étaient celles
de son époux, plus heureuse que sur le trône le plus
brillant, elle s'adonna de tout cœur à l'exercice de
la charité ; elle avait alors trente ans.

Nous allons continuer de la suivre dans cette vie
active qu'elle sut rendre en même temps contemplative
par son union intime et continuelle avec Dieu, et, de
plus en plus, nous nous instruirons par ses saints
exemples.

CHAPITRE XIII

Sa charité pour le prochain

—

Peu de personnes, même parmi celles qui ont le mieux connu Noémi, ont pu comprendre le vrai mobile de ses œuvres de charité. Comme elle était très-attentive à fermer sur elle-même la porte de son âme, nul n'a pu savoir ce qu'il y avait d'héroïsme jusque dans les moindres détails de sa vie ; on a cru, en général, qu'elle suivait en cela la pente naturelle de son caractère bon, aimant, ardent à faire le bien. On a pu voir, par ce qui précède, que sa vertu s'alimentait à une source plus haute que celle des inclinations naturelles ; le surnaturel en elle dominait tout, ordonnait tout, et souvent avait à faire plier une nature qui, ordinairement docile, était aussi, comme chez tous, quelquefois rebelle. Ce que nous allons citer montrera que c'est à la grâce, à la foi, bien plus qu'à la nature, ou, si l'on veut, à la nature soutenue par la grâce, à la grâce perfectionnant la nature, qu'il faut attribuer ce qui a fait l'admiration de tous ceux qui l'ont connue.

» *Charité envers le prochain.* — Je dois sacrifier
» le penchant que j'ai à rester seule dans ma cham-
» bre, à ne voir personne, à ne parler qu'avec peine.
» Cette répugnance, je dois la surmonter pour me
» trouver avec le prochain autant que possible. Je dois
» me répandre beaucoup plus que je ne l'ai fait jusqu'ici,
» afin de me rendre plus utile. Ce n'est pas de loin
» qu'on fait le bien, il faut être auprès des personnes
» pour pouvoir parler à temps et à propos.

» Tout en étant au milieu du monde, je dois être
» seule avec Dieu partout, me faire une retraite au
» milieu du cœur pour parler avec le bien-aimé de
» mon âme. Je dois être surtout seule dans l'Oraison,
» le saint sacrifice de la Messe, la visite au Saint Sacre-
» ment, la sainte Communion, etc., etc. Tous les mo-
» ments que me laissent mes exercices de piété doivent
» être consacrés au prochain ou aux divers exercices
» de la charité.

» Mes devoirs envers le prochain sont nombreux.
» Je dois d'abord à mon père (1) amour, respect,
» obéissance, soins pour le spirituel et le corporel ; je
» dois procurer son avancement dans la vertu, contri-
» buer à sa perfection ; à mon frère, égards, observa-
» tions ; je dois l'exciter à la douceur, à la patience ;
» prier, solliciter auprès de Dieu, pour qu'il soit pré-
» servé d'une mort subite que j'ai tout lieu de crain-
» dre, et, si je vois sa dernière heure, lui faire recevoir

(1) Elle venait de perdre sa mère, le 13 mai 1841.

» à temps les sacrements, l'aider à mourir en bon
» chrétien avec la grâce du bon Dieu.

» Je dois à ma belle-sœur beaucoup d'affection, de
» prévenance, l'encourageant, la consolant dans ses
» peines, l'aidant à supporter patiemment les épreu-
» ves de son état. Elle a un cœur aimant, qui ne dé-
» sire que le bien, singulièrement porté à la vertu,
» tendant à la perfection. Je dois toujours la traiter
» avec distinction. Dieu soit béni de nous avoir donné
» un tel trésor !

» Je dois veiller à ce que mes neveux conservent
» leur innocence, qu'ils se confessent tous les mois,
» qu'ils fassent bien leurs prières, qu'ils évitent les
» mauvaises compagnies, qu'ils soient élevés par des
» maîtres religieux, qu'ils se montrent toujours soumis
» et obéissants, appliqués dans leurs études, et qu'ils
» soient surtout de bons chrétiens. A ma petite nièce,
» lui inspirer de bonne heure de pieux sentiments,
» la détourner de la vanité, lui apprendre la modes-
» tie, la douceur, l'obéissance ; veiller à ce qu'elle
» prie Dieu comme il faut, qu'elle se tienne bien à
» l'église, qu'elle soit attentive à ses devoirs classi-
» ques ; l'élever même, s'il le faut. Pour mes autres
» parents, je dois leur parler de Dieu, de la vertu,
» me servant de l'attachement qu'ils me portent pour
» les engager à remplir leurs devoirs de chrétiens,
» m'intéressant d'autant plus à leur salut qu'ils me
» tiennent de plus près par les liens du sang.

» Après les parents viennent les domestiques. Je
» dois veiller spécialement sur la servante qui reste

» dans la maison, lui rappeler ses devoirs d'état, lui
» faciliter la pratique de la piété, m'assurer qu'elle
» ne manque à aucune de ses obligations, lui faisant
» connaître comment elle doit obéir à tous, l'avertis-
» sant de ses défauts de caractère, etc. J'en dois faire
» autant pour les autres domestiques de la maison,
» sans excepter les journaliers, et veiller à ce qu'ils
» remplissent leurs devoirs de religion.

» Mais pour que ces avis aient leur effet, il faut
» qu'ils soient donnés à propos, avec cœur, après avoir
» demandé à Dieu son secours et l'avoir prié de bénir
» mes conseils, me rappelant que sans lui je ne puis
» rien. Ce n'est pas la peine que j'aurai à remplir ces
» devoirs qui doit me les faire abandonner, je suis
» obligée de les remplir *par devoir d'état.*

» Si je ne m'instruis pas de mes obligations, je ne
» suis pas excusable devant Dieu, et je me perds de
» même si je ne les remplis pas en les connaissant.
» Dieu ne demande pas le succès, il se contente de la
» bonne volonté. Quand donc j'aurai laissé passer une
» occasion sans faire le bien, je m'en ferai un cas de
» conscience et je m'en confesserai.

» Je dois, de plus, m'occuper du prochain en gé-
» néral. Depuis la première enfance jusqu'à la vieil-
» lesse, aucun indigent, aucun malade ne doit échapper
» à ma vigilance ; je dois compatir à toutes les peines,
» soulager tous les maux, consoler toutes les afflic-
» tions, ranimer le zèle, encourager la vertu, corriger
» les vices ; je dois m'occuper à la fois de l'âme et du
» corps, de l'esprit et du cœur.

» A l'égard des enfants, je dois veiller à ce que les
» parents leur apprennent à prier en même temps
» qu'à parler, et qu'ils leur inculquent de bonne heure
» les premiers principes de la religion. Je dois ensuite
» ne rien négliger pour qu'ils soient bien préparés à
» la première communion.

» Quant aux vieillards, je dois les respecter comme
» des reliques précieuses ; ils ont déjà un pied dans
» la tombe et sont presque entre les mains de Dieu.
» Ils ont d'autant plus besoin d'être instruits, que
» souvent ils ont tout oublié, et que les glaces de la
» vieillesse les rendent moins sensibles ; je ne dois
» pas les perdre de vue.

» Les indigents doivent être secourus à propos :
» il ne faut pas tout donner à la fois, afin de ne pas
» encourager la paresse ; il faut aussi que l'aumône
» soit en rapport avec la condition de celui qui la re-
» çoit. Au lieu de donner de l'argent, il est mieux
» quelquefois de faire arriver dans le ménage les
» choses les plus nécessaires : pain, légumes, etc.
» Pendant la belle saison, je dois faire des provisions,
» afin de pouvoir les distribuer en hiver quand le
» travail manque.

» Les malades doivent être l'ojet de mes préféren-
» ces : je dois aller souvent les voir, les veiller, pan-
» ser leurs plaies, leur procurer les remèdes et tout
» ce dont ils ont besoin. Je n'oublierai jamais, en
» faisant l'aumône, de parler de Dieu, d'engager le
» pauvre à remplir ses devoirs. En allant voir les
» malades, je tâcherai de porter au bien tous ceux

» qui sont dans la maison, et pour cela je commence-
» rai par leur témoigner de l'intérêt, de l'affection,
» par mériter surtout leur confiance, afin que je puisse
» faire du bien à leur âme en même temps qu'à leur
» corps.

» Je dois aussi être sensible aux peines de cœur,
» de ce pauvre cœur humain qui a bien aussi ses mi-
» sères et ses infirmités. Il n'en est aucune à laquelle
» je ne doive m'intéresser, épreuves, contradictions,
» peines spirituelles ou temporelles, pertes de pa-
» rents, revers de fortune, déshonneur, disgrâces de
» toutes sortes ; il n'est pas un cœur froissé ou affligé
» que je ne doive m'efforcer de consoler ; c'est mon
» devoir. »

Cette belle âme était tellement remplie de l'esprit
de charité, qu'elle embrassait toutes les douleurs.
Son zèle s'étendait à tous les âges, à tous les états,
à toutes les conditions. Le tableau qu'elle trace
de ses devoirs est des plus complets, on peut en
juger par les extraits que nous venons de donner. Et
non-seulement elle fait l'énumération de ses obligations à cet égard, mais elle s'engage à n'y jamais
manquer ; elle ne se serait pas consolée d'avoir différé
l'accomplissement d'une bonne œuvre.

Elle avait soif de Dieu ; il le fallait à son cœur, à
son intelligence, à sa pensée ; il le lui fallait jusque
dans les mains ; sa charité, comme celle de la vierge
de Sienne, ne pouvait être satisfaite si elle n'était
point universelle. Et le bon Maître, se plaisant à ré-
compenser sa servante, bénissait presque toujours ses

pieux efforts, en fécondant par la grâce les effets de son zèle.

Cependant la pieuse fille ne croyait jamais avoir assez fait, elle s'accusait continuellement et craignait toujours d'agir trop humainement, de ne pas compter assez sur Dieu, de ne pas le consulter assez. « Il ne faut, di- » sait-elle, rien entreprendre sans avoir prié Dieu de » m'assister ; c'est dans le secret de sa face et à ses » pieds qu'on apprend à servir le prochain et qu'on » puise des lumières et des forces pour l'occasion. Il » me faut mettre Dieu dans mes intérêts, l'y mettre » pour tout ; rien sans lui, tout avec lui. Dieu avant, » Dieu pendant, Dieu après et toujours ! »

Telles étaient les pensées, tels les sentiments de Noémi ; on comprend après cela ce qu'elle a pu faire de bonnes œuvres pendant sa vie. Nous n'essayerons pas de les raconter toutes, l'étendue que nous avons assignée à cet écrit n'y suffirait pas. Ajoutons toutefois, pour l'édification de nos lecteurs, quelques faits de plus à ceux que nous avons déjà mentionnés.

CHAPITRE XIV

Charité pour le prochain (suite).

—◇—

Noémi, comme nous venons de le voir, avait établi l'édifice de sa charité sur les bases les plus larges ; avide de perfection, elle voulait, comme le divin modèle, que son dévouement fût universel et de tous les instants ; aussi, dans sa pensée, tout le détail de sa vie fut-il d'avance réglé, ordonné, mis en harmonie avec l'idéal de perfection qu'elle s'était proposé ; tout fut prévu, et il ne devait pas y avoir un seul instant de sa journée qui ne fût rempli par un devoir. Le récit des faits ne saurait, mieux qu'elle-même, à son insu, par ses résolutions intimes, nous donner à connaître l'admirable disposition qu'elle faisait de son temps. Qu'il nous soit permis cependant, après l'avoir suivie dans l'exercice de son zèle pour les âmes et pour la maison de Dieu, après l'avoir vue à l'œuvre auprès des malades ou des mourants, de la suivre encore dans l'exercice général de cette ardente charité qui, s'épanchant de son cœur comme une lave, s'étendait à tous et à tout, depuis surtout que *cet attrait* était devenu pour elle un état de vie, une vocation.

8

Nous ne prétendons pas toutefois raconter les mille traits édifiants que nous avons recueillis des lèvres de ceux qui l'ont connue ; quoique tous ces faits révèlent l'esprit, le courage ou le dévouement de l'héroïque chrétienne, il serait trop long d'en faire le détail. Nous nous bornerons donc à en rapporter quelques-uns.

Le premier qui s'impose à notre admiration est le suivant :

Une pauvre femme, jeune encore, mais n'ayant autour d'elle aucun de ses proches, était malade. Des habitudes d'ivresse l'avaient insensiblement conduite à l'insensibilité et à une sorte d'idiotisme rebutant. Obligée de vendre peu à peu son petit avoir, elle se trouvait confinée dans un misérable réduit qui lui servait à la fois de chambre et de cuisine. Elle vivait là comme un paria séquestré de la vie sociale, et repoussait elle-même tout ce que l'on pouvait tenter pour la retirer de cet isolement. Dès que Noémi la sut malade, elle accourut auprès d'elle ; une parente de cette malheureuse avait pu seule jusque-là pénétrer dans l'espèce de bouge où elle était comme ensevelie. Noémi ose s'y aventurer, et d'un premier regard elle voit ce que Dieu demande d'elle. Cette pauvre femme gisait sur un tas de paille, à moitié pourrie et rongée par la vermine ; d'horribles parasites couvraient son corps ; les murs en étaient salis ; l'aspect seul de cet intérieur donnait des nausées ; tout y était de la plus révoltante malpropreté.

Mais plus les sacrifices sont pénibles à la nature,

plus les amis de Jésus les recherchent et en ont soif. Depuis que la voix du Maître a jeté ce cri sublime : « *Sitio !* » il n'est pas un de ses serviteurs qui n'ait eu aussi la soif de la souffrance en même temps que celle des âmes. La vierge de Sienne avait sucé l'ulcère d'un lépreux, la vierge de Vendémian n'hésitera pas à nettoyer de ses mains l'asile de la pauvreté ; toute joyeuse de pouvoir en cette occasion vaincre sa délicatesse et procurer un peu de bien être à cette pauvre créature, Noémi se hâte de transformer sa demeure. Elle commence par dresser un lit frais près de la cheminée, afin de pouvoir y déposer la malade ; avec l'aide de la parente qui ne l'avait point tout à fait abandonnée, elle l'installa sur ce lit provisoire ; et puis, toutes deux se mirent à nettoyer le plafond, les murs, et jetèrent au feu les balayures immondes avec la paille qui servait de lit ; l'atmosphère fut obscurcie par une fumée épaisse et nauséabonde. Noémi était rayonnante de bonheur ; elle se fait apporter un baquet rempli d'eau de chaux, et, un pinceau à la main, se met elle-même, avec la parente, à blanchir les murs et le plafond. Puis, elle arrange un nouveau lit qu'elle fait porter de sa maison, le garnit de linge propre et y couche la malade, qui ne tarde point à éprouver les effets de ces soins et de cette propreté. Elle ne dormait pas depuis longtemps ; mais dès qu'elle fut placée dans son nouveau lit, ses yeux se fermèrent, et pendant huit heures un sommeil réparateur rendit à ses membres le calme, que les soins affectueux dont elle se voyait maintenant entourée avaient déjà rendu à son esprit.

Quant à Noémi, elle dut s'échapper furtivement pendant ce sommeil. Rentrée chez elle dans un état qu'il faut renoncer à décrire, — les saints s'exposant avec joie à des horreurs dont notre délicatesse ne supporte pas même le récit, — elle courut s'enfermer dans une pièce isolée de sa maison, où elle se fit apporter de nouveaux vêtements, pendant qu'elle jetait à l'eau tous ceux dont elle était revêtue. Elle revint ensuite auprès de la malade, qui vécut quelque temps encore ; elle en profita pour la ramener à Dieu, lui fit recevoir les derniers sacrements, et jusqu'à sa mort, eut pour elle les soins et les pieuses attentions d'une véritable fille.

Rien ne lui coûtait dès qu'il s'agissait de rendre service au prochain ; quoiqu'elle fût naturellement délicate, elle savait si bien se vaincre que personne ne s'apercevait de la violence qu'elle faisait à la nature. Sa bonne tante Cellier excellait dans le pansement des plaies. Noémi la surpassa, et bientôt ce ne fut pas seulement dans le village qu'on eut recours à ses soins, mais on venait de bien loin en réclamer le bienfait. Chaque jour de nombreux malades lui étaient amenés. Souvent, elle avait à faire de véritables opérations ; elle détachait les chairs gangrenées, et munie d'un onguent qui était une propriété de famille, parvenait à guérir des membres dont les médecins avaient déclaré l'ablation indispensable. Elle guérissait toutes les plaies ; mais il en était une surtout pour le traitement de laquelle elle était renommée, le panari ; riches et pauvres recouraient également à elle.

Que de fois n'avons-nous pas vus, arrêtés devant sa porte, l'élégante calèche à côté de l'humble fourgon, l'une et l'autre ayant quelquefois traversé la moitié du département ! Elle recevait et soignait avec le même dévouement tous ceux qui lui venaient ainsi. Quand, la cure terminée, les malades voulaient témoigner leur reconnaissance, elle trouvait le moyen de s'y soustraire, en leur disant : « Je n'ai fait que mon » devoir, je n'accepte rien ; si vous voulez faire une » aumône, donnez aux pauvres ou à l'église de votre » paroisse. »

Dès qu'un malade arrivait, elle quittait tout pour le soigner. Un jour, il y avait une réunion d'élite dans la maison, un grand vicaire et plusieurs personnes de sa suite, ainsi que d'autres invités. Pendant qu'ils étaient à table, Noémi est appelée pour un pansement. Se levant aussitôt, elle s'excuse par une gaie repartie et, le pansement terminé, vient reprendre sa place à la table, car elle était toujours chargée d'en faire les honneurs.

Non-seulement elle soignait tous ceux qui se présentaient chez elle, mais elle allait aussi secourir ceux qui, trop malades pour s'y faire porter, la faisaient appeler chez eux. Que ce fût dans un château ou dans une chaumière, elle allait partout avec la même amabilité.

Quelle n'était pas aussi sa charité pour ceux qui, étrangers à la localité et y étant venus pour y chercher du travail, y tombaient malades ! Elle se multipliait pour ainsi dire auprès d'eux, afin qu'ils ne manquas-

sent de rien ; ne craignant pas de monter à des gre-
niers à foin, elle leur prodiguait les mêmes soins qu'ils
eussent pu recevoir au sein de leur famille. Des mar-
chands ambulants lui durent leur guérison. Un pauvre
remouleur lui dut la grâce d'une bonne mort. En arri-
vant à Vendémian, il sentit les frissons de la fièvre, il
demanda une chambre à l'auberge, et quelques heures après il était dans un violent accès malin. Noémi
s'installe près de son lit, envoie chercher le médecin,
et, sur l'affirmation de celui-ci que le mal est sans
remède, elle fait venir le prêtre et dispose le malade
à bien recevoir les sacrements de Pénitence et d'Eucharistie. L'agonie fut longue, elle dura deux jours.
Mlle Nougaret, en religion Mme Saint-Paul, qui nous
racontait ce fait, nous disait : Tout le monde admirait
comment Mlle Noémi pouvait rester continuellement
auprès de ce malade, tandis que personne n'avait même
le courage d'aller le voir, tant ses traits décomposés
inspiraient de l'horreur. Elle lui fit faire des funérailles convenables, et elle avait si bien su intéresser la
population à ce malheureux étranger, que bon nombre
des habitants l'accompagnèrent au champ du repos.
Elle fit célébrer les messes d'usage et la neuvaine,
comme elle eût fait pour un des siens. Sa charité ne
se borna pas là. Cet homme avait quelque argent sur
lui ; elle mit cette somme en lieu sûr, ainsi que ses
papiers, et écrivit au maire de sa commune, afin qu'il
en avisât les membres de la famille. Quand ceux-ci
arrivèrent, ils ne pouvaient se lasser d'admirer la
bonté de cette demoiselle et de la remercier de ce
qu'elle avait fait pour leur parent.

En même temps qu'elle se multipliait auprès des malades du pays, elle soignait chez elle sa vieille tante Chauvet, qui resta plus de huit ans clouée sur son lit par une paralysie. Noémi s'installa dans sa chambre, fut sa garde-malade du jour et de la nuit, ne la quittant que pour aller remplir d'autres devoirs, mais revenant au plus tôt auprès d'elle, recevant les visites, faisant ses exercices de piété auprès de sa chère infirme ; on ne savait comment elle pouvait ainsi suffire à tout.

Tous ceux qui avaient quelque embarras, quelque peine, étaient sûrs de la trouver disposée à les obliger. Fallait-il faire une démarche auprès de personnes haut placées, elle s'en chargeait. Avait-on besoin d'une recommandation, elle savait à qui s'adresser, et elle-même faisait tous les pas. Si de pauvres enfants devenaient orphelins, elle les entourait de sa sollicitnde ; et si elle prévoyait qu'ils eussent à souffrir de la perte de leurs parents, elle les plaçait dans des orphelinats. Combien de fois, dans nos environs, n'a-t-elle pas rendu des services de ce genre ! Combien d'unions illégitimes n'a-t-elle pas fait régulariser ! Elle était toujours chargée de quelque œuvre ; si l'on désirait faire entrer un malade à l'hôpital ou une pauvre fille à la Maternité ou à Nazareth, c'est à elle qu'on s'adressait. Elle savait si bien vaincre les difficultés, qu'on était sûr qu'une affaire remise entre ses mains était terminée. En général, ceux à qui elle s'adressait, reconnaissant en elle l'avocate des malheureux, se faisaient un devoir d'accéder à ses désirs.

Cependant elle ne rencontra pas partout la même bienveillance. Un des administrateurs de l'hôpital Saint-Éloi refusait un jour de recevoir d'urgence une malade que lui présentait Noémi ; il alléguait que ses demandes se renouvelaient trop souvent. « Les dévotes, lui dit-il, vous devez vous mêler de dire des *Pater* et pas d'autre chose... » Noémi, sans se troubler, lui répondit : « Des *Pater*, Monsieur, nous en disons
» quand notre prochain n'a pas besoin de nous ; mais
» quand nous pouvons l'aider, nous sommes là ; notre
» *Pater* est de le secourir. Veuillez, je vous prie,
» examiner la demande que je vous fais et voyez si
» vous pouvez la refuser. » L'administrateur, un peu confus de sa boutade, examina mieux les motifs qu'avait exposés Noémi, et reconnaissant leur justesse :
« J'accepte cette personne, dit-il, mais à condition
» que, demain matin à 8 heures, vous m'apporterez
» toutes les pièces nécessaires. » A sept heures et demie, le lendemain, Noémi lui remettait les pièces demandées.

Plusieurs fois elle dut aussi s'adresser au Général, au Préfet, au Consul espagnol. Chaque fois ses démarches furent couronnées de succès, ou bien, quand elle ne recevait pas immédiatement l'autorisation demandée, il lui arrivait quelques jours après un pli cacheté contenant ce seul mot : « *Accordé.* »

Chaque course à Montpellier avait, du reste, un but charitable, et le temps qu'elle y restait était encore employé aux œuvres de la cité. Amie et émule de Mlle Thérèse Joulié, cette grande servante des pauvres, elle se faisait un plaisir de l'accompagner dans les mansardes et partout où il y avait des malades à soigner, des malheureux à consoler. C'est ainsi qu'un soir, sur les indications qui leur avaient été données, elles vont pour panser une pauvre femme dans un lieu où certainement leur présence était déplacée. Elles ne le reconnurent qu'après y avoir été introduites, et grand fut leur embarras. Mais l'auréole de sainteté qui les entourait inspirait le respect. Avec la guérison, vint aussi la conversion, et la malheureuse disait plus tard à Noémi : « Depuis que vos saintes mains se » sont posées sur mes plaies, je suis guérie ! »

Nous pourrions citer une infinité d'exemples de sa charité, si nous ne craignions de fatiguer nos lecteurs. On peut d'ailleurs se rendre compte de ce qu'a été sa vie d'après l'esquisse qu'elle-même en avait tracée dans ses résolutions. Nous devons ajouter qu'elle fut loin de resserrer ces grandes lignes ; elle craignait toujours, au contraire, de ne pas faire assez. Depuis qu'elle était certaine que Dieu la voulait dans cette voie, elle n'était préoccupée que de la mission qu'elle avait à remplir. Aucune œuvre ne lui était indifférente, sa sollicitude s'étendait même aux écoles ; s'il fallait aller demander un instituteur ou une institutrice, c'était elle qui faisait les démarches. C'est à elle que l'on doit les Sœurs de la Sainte-Famille, dont l'action bienfaisante, au sein de la paroisse, est une sorte d'apostolat, et c'est par sa pieuse industrie qu'elle vint à bout de leur créer une maison sans que la Commune eût à débourser un centime.

Elle se faisait un devoir de veiller à tout. Une famille avait-elle un procès à soutenir, elle s'informait de ce qui était l'objet de la discussion, elle voyait les deux parties et venait toujours à bout de les mettre d'accord. Et quand la paix, l'union étaient troublées dans un ménage, c'était à elle aussi qu'on s'adressait pour rétablir la concorde entre époux et épouse, parents et enfants, belle-mère et belle-fille ; elle se multipliait alors pour faire cesser la cause du mal. Elle parlait aux uns et aux autres avec la plus grande douceur, leur montrant la ligne de conduite qu'ils devaient suivre ; elle avait le talent de parler à chacun selon la mesure de son esprit, et les petites têtes comme les esprits mieux doués se rendaient à la sagesse évidente de ses conseils.

Quand il s'agissait de faire cesser un désordre ou de réconcilier des ennemis, elle profitait habilement des circonstances, allait doucement pour ne rien brusquer, pour ne pas rebuter, mais insensiblement préparait les cœurs aux sacrifices et les imposait dès qu'on était en état de les accepter. Elle avait surtout grand soin, en faisant le bien, de ne pas y mêler toutes sortes de personnes. Elle agissait seule ordinairement, comprenant bien que si l'on acceptait une observation de sa part, on la repousserait si un tiers s'y trouvait mêlé. La confiance qu'on avait en elle était illimitée, parce qu'on savait qu'elle la méritait. Elle ne voulait entendre aucun rapport, aucune critique, prenait toujours le parti de l'accusé et, à l'exemple du Maître, compatissait à toutes les faiblesses.

Jamais aussi elle ne parlait de ce qui lui était confié, ni du bien qu'elle avait fait. Très-sobre de paroles quand elle recevait une confidence, elle saisissait comme au passage ce qu'on voulait lui dire, et y répondait sans avoir l'air d'y toucher. Elle parlait d'ailleurs avec douceur et bonté, usant toujours de ménagements, compatissant aux faiblesses, se laissant attendrir par les peines, toucher par les infortunes ; elle avait des manières si affectueuses que ses avis étaient écoutés et calmaient au lieu d'irriter. Chacun était convaincu que c'était par estime et attachement personnels qu'elle lui parlait, et chacun avait raison ; mais en Dieu était la racine de cet attachement qui s'étendait à tous, et chacun était heureux de la faire dépositaire des tristesses ou des joies.

Tout en compâtissant aux peines domestiques, elle ne manquait pas de saisir les occasions où elle pouvait dire un mot de Dieu ou de la vertu. Elle n'en parlait pas à tout propos, ni à tout le monde, mais seulement aux moments favorables, en allant voir un malade, en consolant une famille affligée. Elle s'adressait aussi aux domestiques et les excitait par des paroles justes et senties à ne pas négliger leur salut. Les petites filles étaient aussi l'objet de sa surveillance ; elle ne manquait pas, quand elle les rencontrait, de leur faire une petite morale sur leurs devoirs envers Dieu et envers leurs parents. Quand elle voyait une personne portée à la vertu, elle secondait ces heureuses dispositions et lui en facilitait la pratique. Elle engageait les autres à avoir plus de ferveur, à faire plus de bien dans leur état, à mieux en remplir les charges ; en un mot, elle disait à chacun ce qui était capable de le toucher, et depuis l'enfant jusqu'au vieillard nul n'échappait à sa vigilance et à son ascendant.

Elle était surtout admirable dans son dévouement pour les pauvres vieillards. A cette époque, tous ceux qui pouvaient travailler, hommes et femmes, allaient chaque jour au bois de grand matin, et ne rentraient que pour le repas du soir. Noémi, avec la plus touchante simplicité, se faisait l'enfant de la vieillesse ; chaque matin, après la Messe, elle entrait chez ceux qui étaient infirmes, les aidait à s'habiller s'ils ne le pouvaient seuls, les peignait comme elle eût fait pour son père, leur faisait la prière, et leur donnait à déjeuner ; aucun de ces bons vieillards n'était exclu de sa sollicitude.

Pendant la mauvaise saison, quand les pluies ou le froid empêchaient les pauvres de travailler, et que la gêne devait inévitablement se faire sentir au foyer, Noémi redoublait de vigilance, afin que personne ne souffrît, fournissant à tous, un peu chaque jour, des légumes, des pommes de terre, du pain, etc. Dès que le temps était beau, elle diminuait ses aumônes, afin de ne pas encourager la paresse. Quand elle avait épuisé ses ressources, elle s'adressait aux personnes qui pouvaient donner, et ne craignait pas de demander pour ses pauvres du pain, des restes, etc. Dans les années de disette générale, elle se privait quelquefois du nécessaire, disant qu'une personne réduite à

l'extrême indigence est souvent portée à vivre d'injustices et fortement tentée parfois de spéculer sur son honneur. Dans ce cas, disait-elle, on se rendrait coupable d'un énorme péché si on ne l'assistait pas. Elle estimait qu'en présence des grandes misères, il faut supprimer tout ce qui ressent le luxe ou la vanité, diminuer le train de maison qu'on pourrait se permettre en un autre temps, et partager même, s'il le faut, avec le pauvre : « Rester indifférent, disait-elle, en
» présence de la misère, c'est se rendre coupable
» d'homicide et responsable de tous les malheurs que
» l'indigence peut causer, de toutes les extrémités
» auxquelles elle peut conduire. »

Rarement, elle se trouva dépourvue de secours pour ses chers pauvres. Pendant la belle saison elle faisait, comme les fourmis, des provisions pour les mauvais jours : argent, légumes, fruits secs, vêtements, tout ce qu'elle pouvait réunir était mis de côté à cet effet. Et quand elle avait donné tout ce qui était à sa disposition, elle donnait encore son temps, le jour et la nuit. Son bonheur était d'être employée, d'avoir l'occasion de faire un peu de bien, soit dans l'ordre spirituel, soit au temporel. Si une personne avait une peine de cœur ou d'esprit, il fallait qu'elle la partageât, qu'elle la consolât. Rien ne lui était indifférent : elle était l'âme, la vie, la providence de la paroisse. En embrassant ces innombrables détails de zèle et de charité comme devoir, elle les avait tous prévus ; et elle se serait vivement reproché d'avoir omis seulement un bon conseil, une parole d'encouragement ou d'édification. Dans l'examen, elle était très-sévère sur ce point, et regardait comme une faute sérieuse la plus légère omission dans ce qu'elle appelait *les devoirs de sa vocation*.

Comptant peu sur elle-même, elle demandait sans cesse à Dieu sa lumière et son secours pour connaître et accomplir le bien qu'elle avait à faire. A l'oraison, pendant le Saint Sacrifice de la Messe, dans la visite au Saint Sacrement, avant et après la Sainte Communion surtout, elle cherchait devant Dieu les moyens de faire tout le bien possible et opportun. De plus, avant de rien entreprendre, son regard plongeait dans le Cœur de Jésus et suppliait ce bon Maître d'être lui-même l'*ouvrier*. Si elle réussissait, elle lui en rapportait toute la gloire, ne se regardant jamais que comme un vil instrument, se jugeant incapable de tout bien, ne pouvant rien d'elle-même. Elle craignait toujours de ne pas être à la hauteur de sa tâche, et de ne pas faire suffisamment valoir les talents que Dieu lui avait confiés. « Plus on sait en profiter, disait-elle, plus Dieu en donne. »

Ainsi sont les Saints : jamais contents d'eux-mêmes, ne croyant jamais travailler suffisamment à l'œuvre du salut. Nous avons vu comment Noémi atteignit à l'héroïsme dans l'exercice de sa charité ; nous allons reprendre l'étude de sa vie intime et voir par ses notes comment elle sut, en même temps, travailler à l'œuvre de sa sanctification par la pratique parfaite de toutes les vertus.

CHAPITRE XV

Vie intime de Noémi

En jetant un coup d'œil sur la vie des Saints, on remarque que tous se sont appliqués, dès le commencement de leur vie spirituelle, au détachement des créatures et d'eux-mêmes, et leur progrès dans la perfection a dépendu de la générosité avec laquelle ils ont pratiqué cette mort intime et volontaire. Jésus, le souverain bien, en venant dans nos âmes, aime à poser son trône sur les débris du monde vaincu ; à mesure que nous l'établissons maître de nos cœurs, il nous aide lui-même à cette purification mystique ; et comme la grâce ne détruit pas la nature, mais l'élève au contraire, ainsi ce bon Sauveur, en faisant le vide autour de nous et en nous, en nous détachant de tout ce qui est créé, nous élève jusqu'à lui ; il nous remplit de sa divine lumière et nous embrase de son céleste amour ; on peut donc dire que le *détachement* est l'alpha et l'oméga de la perfection.

Noémi, nous l'avons dit, avait été richement dotée de la nature : par les admirables qualités de l'esprit et du cœur qui la distinguaient de la foule, et par sa position sociale, elle aurait pu briller dans le monde.

Elle comprit de bonne heure le danger auquel tous ces avantages pouvaient l'exposer, et nous avons vu comment, répondant à l'attrait de l'Esprit saint, elle prit sans hésiter les moyens les plus sûrs pour ne pas tomber dans les piéges placés sous ses pas : son détachement fut complet.

Le cœur est la grande forteresse de l'âme. Pour empêcher l'ennemi d'y pénétrer, Noémi le donna tout entier à son cher Maître. A son entrée dans le monde, à seize ans, alors que tout était fleurs autour d'elle, Noémi fixe son regard sur le Roi du ciel et se donne à lui par le vœu de chasteté qu'elle renouvellera tous les ans, jusqu'à ce qu'elle le prononce d'une manière définitive.

Mais cette forteresse du cœur a des ennemis qui, après avoir été chassés, cherchent encore à s'introduire dans la place : la vanité, l'amour des richesses, etc. Noémi les éloigna en prenant elle-même l'offensive. Par les vœux d'obéissance, d'humilité et de pauvreté, elle ferma les dernières issues par lesquelles ils pouvaient pénétrer. Son amour de la pauvreté était si grand, qu'il la portait toujours à choisir ce qu'il y avait de plus simple dans les mets comme dans les vêtements ; et si on ne l'eût reconnue à son grand air de distinction, on l'eût prise pour une simple femme des derniers rangs du peuple. Quelques fragments de ses notes nous donneront la mesure de ce renoncement.

« Je dois veiller avec soin sur mes pensées et me
» tenir recueillie et attentive à la présence de Dieu ;
» ne jamais parler de moi ni en bien, ni en mal,

» détourner la conversation quand on dira du bien de
» moi ; ne pas raconter les actions bonnes ou les servi-
» ces rendus au prochain ; faire en sorte qu'on ne puisse
» se douter que j'aie contribué à quelque bonne
» œuvre ; me mettre peu en peine de ce qu'on dit ou
» de ce qu'on pense de moi : je ne suis que ce que je
» suis devant Dieu, et les jugements des hommes ne
» me rendent pas meilleure ; ne pas me glorifier des
» attentions qu'on a pour moi ; ne pas me vanter d'a-
» voir beaucoup d'amis ; faire retomber sur les autres
» le mérite d'une bonne action ; ne parler d'autrui que
» pour en dire du bien et édifier ; ne jamais 'parler
» désavantageusement de ceux pour lesquels je n'au-
» rais pas de sympathie.

» Je dois aussi me mortifier dans le vêtement,
» retrancher toujours un peu de toilette ; ne consulter
» le miroir que par nécessité ; laisser les choses comme
» on me les fait ; je ne dois pas vouloir être remar-
» quée, ni même aperçue, point de manières affectées ;
» me mortifier sans cesse non-seulement en paroles,
» mais en actions ; je dois me priver de voir ou d'en-
» tendre ce qui me ferait plaisir quand il n'y a pas
» nécessité ou bienséance. Je dois de plus prendre des
» postures peu commodes, soit debout, soit assise, et
» même au lit ; ne jamais boire, ni manger hors des
» repas. A chaque repas me priver de quelque chose,
» comme d'un fruit ou de revenir à un plat.

» Je dois mortifier mon caractère en me montrant
» toujours d'une humeur égale, réfléchie dans mes ac-
» tions ; je ne me laisserai pas distraire ni ne me ré-

» pandrai trop au dehors ; me prêter seulement ; de
» temps en temps baiser la terre, faire une croix
» avec la langue sur le pavé, en un mot faire autant
» que je pourrai de ces petites mortifications. »

Les grandes mortifications non plus ne lui étaient pas étrangères ; les instruments de pénitence (discipline, haire, chaîne de fer) qu'on a trouvés dans sa chambre après sa mort attestent l'usage fréquent qu'elle en faisait.

Un dernier retranchement reste encore au pauvre cœur humain dans cette voie de renoncement : les amitiés spirituelles. Dieu les permet certainement ; mais quand il veut enlever une âme au-dessus du vulgaire et la faire planer dans les régions sublimes, sur les hauteurs inaccessibles à la nature, il l'aide et la transforme en faisant lui-même le vide autour d'elle. Noémi avait de nombreuses amies dans le monde, et leur amitié lui était bien chère. Voici cependant un cri d'angoisse que lui arrache la solitude qui s'est faite autour de son cœur : « Dieu veut
» que je sois tout à lui sans réserve et sans
» partage !.... Il me faut chercher en *Dieu seul*
» le bonheur et la consolation ! Il n'attend, je le sens,
» pour me combler de ses faveurs, que le moment où
» je serai bien vide de la créature, bien pénétrée de
» ma misère et de mon néant. Je suis appelée, dit-
» elle plus loin, à une vie de renoncement, de sacri-
» fice, d'immolation perpétuelle, à m'interdire toute
» satisfaction, toute consolation sensible ; je ne dois
» aimer que Dieu seul ! »

Combien de pages n'a-t-elle pas écrites dans ce sens ! De ces diverses pensées tendant toutes au même but, ressort clairement le désir immense qui la consumait d'être tout à Dieu ; et il est facile de voir avec quelle générosité elle cherchait à détruire ce qui pouvait empêcher l'union divine.

Dieu vint à son secours, dès les commencements, par une grâce forte et toute puissante qui lui rendait faciles tous les sacrifices ; mais la voyant armée de courage et décidée à ne pas reculer, il l'associa de bonne heure aux souffrances de sa vie intime, et voulut la marquer du sceau de la croix. La plus pénible des douleurs du bon Maître fut l'abandon de son père, la soustraction des consolations célestes, celle qui lui arracha cette plainte suprême : « Pourquoi, mon Dieu, m'avez vous abandonné ? » Il voulut que sa fidèle servante connût l'amertume de ce calice.

Quand Jésus fait entendre sa voix au fond du cœur, quand il se montre à nos pauvres âmes fatiguées par les labeurs de la tentation ou de l'épreuve, qui de nous pourrait refuser les sacrifices que ce bien-aimé demande ? Mais quand il se cache et que l'orage gronde autour de nous et en nous, que la mer est houleuse, le ciel sombre, qui pourrait dire, sans les avoir éprouvées, les souffrances de cet état, les horreurs de cette nuit obscure ? Telle fut cependant la vie intime de notre chère Noémi pendant les vingt dernières années de sa vie ! La joie suave qui suivit l'immolation, les consolations qui l'inondaient dans la prière ou dans la sainte Communion firent place à l'aridité, à la crainte des jugements de Dieu. Le céleste Nautonnier semblait dormir au fond de la barque, et plus d'une fois notre sainte abandonnée dut faire entendre, comme son cher Maître, le cri d'angoisse du Golgotha.

Mais quelles que fussent les rigueurs de l'amour crucifiant, elles ne purent amoindrir sa constance. Plus le Bien-Aimé se cachait, plus elle était attentive à lui plaire ; son humilité était si parfaite, qu'elle ne se plaignait pas de cet abandon, elle reconnaissait, au contraire, l'avoir mérité et s'humiliait encore plus sous la main qui la frappait ; elle porta l'héroïsme jusqu'à faire à Dieu le sacrifice des consolations sensibles qu'il pourrait lui accorder ; son offrande fut acceptée : jusqu'à sa mort elle ne cessa de souffrir le martyre de l'amour, et nous ne pouvons assurément pas, en quelques paroles, faire le tableau des tourments inouïs qu'elle a endurés dans cet état ! Mais tout en étant martyre crucifiée, martyre immolée, elle fut aussi martyre aimée. Dieu, qui se plaisait à voir sa soumission et sa fidélité, lui donnait, à la place des consolations, ces grâces fortes et puissantes qui lui rendaient possibles les combats les plus pénibles.

Avec ce secours si précieux, elle s'établit si fortement dans la foi que le sentiment de la présence de Dieu était devenu pour elle une vraie réalité. Elle l'adorait sans cesse au fond de son cœur, lui offrait continuellement ses moindres actions, et les faisait en union avec ce cher Maître. Outre l'offrande générale du matin qu'elle faisait à genoux, elle lui offrait encore à chaque heure ses moindres occupations, « afin, disait-elle, qu'il n'y ait pas un moment de vide dans toute la journée. » Elle renouvelait cette offrande chaque fois qu'elle changeait de travail, et si ses occupations étaient multiples, elle en formait comme un faisceau, qu'elle déposait aux pieds de son bon Sauveur.

Par cette continuelle attention, elle imprimait un caractère de grandeur à ses actions les plus ordinaires ; chacune d'elles avait un but spécial : « J'offrirai, » dit-elle, toutes mes actions à Dieu, en union avec » celles de Notre-Seigneur Jésus-Christ, pour la plus » grande gloire de Dieu, pour obéir à l'arrêt divin » qui nous a condamnés au travail en punition du » péché, pour l'expiation de mes propres fautes, pour » témoigner à Dieu mon amour et mériter une cou- » ronne éternelle. » Elle faisait cette offrande le matin à genoux, et la renouvelait à chaque heure de la journée.

Ces offrandes particulières ne suffisaient pas à sa piété, elle les enchaînait l'une à l'autre par une série continuelle de saintes aspirations qui allaient de son cœur à Dieu, comme des traits enflammés. « Il faut, » disait-elle, qu'ils soient lancés avec la même » violence que la flèche qui, maniée par un bras » fort et vigoureux, atteint immédiatement le but » où elle est dirigée. Ou bien encore, disait-elle, » il faut que notre amour soit comme les étincel- » les qu'on voit s'échapper d'un grand incendie ; si le » feu de l'amour divin brûle dans nos cœurs, facile- » ment, il en sortira des étincelles. » Ses oraisons jaculatoires étaient courtes, mais enflammées. Souvent on la voyait comme se soulever vers Dieu en portant ses regards vers le ciel ; souvent aussi c'était par des soupirs, de fortes aspirations qu'elle franchissait l'espace. « Un soupir bien chaud, disait-elle, de la part d'un » ami, plaît quelquefois plus que beaucoup de pa- » roles. Le Dieu bon que nous servons veut bien » compter les soupirs de nos cœurs, il connaît nos » désirs avant même que nous les lui ayons exprimés. »

Elle joignait aussi souvent la parole à l'action. Les personnes qui vivaient dans son intimité n'oublieront jamais les conseils qu'elle leur donnait sur ce point, et qui n'étaient que l'expression de ce qu'elles lui voyaient pratiquer. Un mot surtout avait sa préférence, parce qu'il rendait, dans sa simplicité, l'accent de son cœur : « Mon Dieu, je vous aime ! » disait-elle sans cesse, dans la joie comme dans l'épreuve, dans la tristesse et les désolations spirituelles comme dans l'action de grâces. Ce mot était pour elle comme un serment d'amour qu'elle se plaisait à renouveler à tous les instants dans le Cœur de son cher Maître. « Mon » Dieu ! disait-elle encore, mon Dieu, je crois en vous ! » Mon Dieu, donnez-moi votre saint amour ! Mon » Dieu, je suis bien fâchée de vous avoir offensé ! » Donnez-moi votre sainte grâce en ce monde et votre » Paradis en l'autre ! Hélas ! que mon exil est long ! » Quand pourrai-je vous voir avec les Saints dans » le Ciel ? Quand vous posséderai-je sans craindre de » vous perdre ? Mon Dieu, j'espère en votre miséri » corde ! » Son cœur s'exprimait selon qu'il était affecté, et ses aspirations étaient aussi ardentes que fréquentes. Que dis-je ? Elle était continuellement pénétrée de la pensée de la présence de Dieu. « Nous » sommes en Dieu, disait-elle, comme une éponge qu'on » jetterait dans la mer. »

Elle se plaisait surtout à considérer ce cher Maître comme un ami fidèle auprès duquel elle aimait à se trouver habituellement pour lui parler cœur à cœur, lui donner des témoignages extérieurs et intérieurs d'affection. A tous ces témoignages de fidélité, le Bien-Aimé cependant semblait être insensible. Le printemps était passé, la saison des fruits avait succédé. La généreuse chrétienne ne se méprenait pas sur les diverses industries du divin Rémunérateur, mais elle semblait, comme les vierges des premiers siècles en face du martyre, être avide, elle aussi, de souffrances et de mérites. Quand on a rencontré Jésus, quand on a goûté, ne serait-ce qu'une heure, le bonheur d'être à lui, qu'est-ce qui pourrait, en effet, nous empêcher de l'aimer ? L'amour se joue des obstacles.

Notre courageuse Noémi n'était pas capable de se laisser effrayer par les épreuves de l'amour divin. Comme Jacob, elle lutta vaillamment contre Dieu et elle lutta jusqu'à son dernier soupir. Quelle n'était pas sa foi quand, souffrant en son âme de l'exil du cœur, accablée de peines intérieures ou extérieures, elle se jetait aux pieds de son crucifix et disait avec humilité et amour : « Mon Dieu, je suis tout à vous ! » Voici d'ailleurs la méthode qu'elle suivait

pour passer ses journées dans ces sentiments : « Avant
» de sortir de l'église, offrir à Dieu toutes mes ac-
» tions pour son pur amour, voulant les faire en
» son intime société, pour éviter le péché et
» mériter le Ciel. Arrivée à la maison, me présenter
» avec un air gracieux, parler à tout le monde, pren-
» dre part à ce qui se fait, être douce, affable,
» prévenante envers tous, rester là si c'est utile ; aux
» moments libres, entrer dans ma chambre et me
» mettant par la Foi aux pieds du Bien-Aimé, de-
» meurer dans son intimité, me laissant absorber et
» consumer par son amour ; faire un retour sur moi,
» et voir quelles sont les fautes que j'ai eu le malheur
» de commettre ; si je me suis laissé distraire de sa
» présence, lui en demander humblement pardon,
» le prier d'oublier ce moment d'absence, promettant
» d'être plus fidèle et plus attentive ; remplir mes
» devoirs d'état toujours avec lui et pour lui. Voir
» Dieu en tous les objets, m'élever par eux vers lui ;
» le voir souffrant dans les malades, abandonné dans
» les pauvres, outragé dans ceux qui le sont.

» Il me faut voir sans cesse, par la pensée, Jésus
» assis auprès de moi, me regardant travailler, ob-
» servant de quelle manière je fais telle action ou
» telle autre, m'encourageant par ses paroles et par
» son exemple. A l'aide de ces sentiments, on travaille
» pour Dieu et avec Dieu, et le travail le plus péni-
» ble devient agréable. Si je suis fidèle à ce saint
» exercice, je serai parfaite en peu de temps : Mar-
» chez en ma présence, dit le Seigneur, et vous serez
» parfait. »

CHAPITRE XVI

Sanctification des actions ordinaires

Noémi était douée d'une grande activité ; et, dans sa vie extérieure, à la voir au milieu de la multitude de ses œuvres, sans qu'elle en fût jamais surchargée, sans qu'elle en laissât jamais une seule en souffrance, on ne pouvait s'empêcher de l'admirer ; c'était manifestement le don d'un heureux tempérament. Mais elle était loin de vivre tout au dehors, et combien son activité paraissait plus merveilleuse quand on pouvait la considérer appliquée au dedans, dans sa vie intime, au travail de sa propre sanctification.

Dans les œuvres extérieures, en effet, la nature se retrouve toujours un peu, la grâce semble même parfois lui céder le pas, tandis que ce n'est jamais par une impulsion naturelle qu'on se retourne vers soi-même pour purifier d'abord, pour élever ensuite et transformer son intérieur. Et quel travail cela ne demande-t-il pas ?

Le bon Maître ne s'établit parfaitement dans une âme que quand celle-ci en a chassé tous ses ennemis et qu'elle est entièrement maîtresse d'elle-même, c'est-à-dire que les sens obéissent à l'esprit, et l'esprit à

Dieu ; il faut donc livrer une guerre continuelle à l'intelligence, à l'esprit et au cœur, afin de les tenir en perpétuelle sujétion ; il faut faire mourir la nature et pouvoir dire comme l'Apôtre : « Je meurs chaque jour, » afin qu'elle ne se révolte pas ; il faut, en un mot, être si étroitement uni d'esprit et de cœur à Jésus-Christ, qu'on puisse voir et faire tout en lui, et qu'on puisse aussi dire avec St Paul : « Je vis, mais » non, ce n'est plus moi, c'est Jésus-Christ qui vit en » moi ! »

Ce travail mystique demande une volonté courageuse et ferme, une générosité continuelle. Noémi ne le jugea pas au-dessus de ses forces, et nous avons vu comment, en s'étendant sur la croix de son cher Maître, elle avait voulu crucifier la nature jusques en ses dernières fibres. Mais cet acte accompli, elle ne s'était pas crue pour cela dispensée de vigilance et de combat. Elle savait que l'ennemi de nos âmes ne dépose les armes que lorsqu'il nous voit au seuil de l'éternité, et jusqu'à sa dernière heure elle ne cessa de le combattre et de le vaincre. Qui veut la fin, disait-elle, doit vouloir les moyens, et elle n'hésitait pas à porter le fer et le feu partout où elle voyait le mal reparaître.

Le saint exercice de la présence de Dieu était pour elle comme un travail d'observation ; sous les rayons de la clarté divine, elle découvrait les ruses de l'ennemi et se hâtait de les déjouer ; par une prière presque continuelle, elle puisait dans le Cœur de Jésus les grâces nécessaires pour ne pas tomber dans les piéges du démon ; chaque nouvelle attaque était pour elle un nouveau triomphe. Il n'y avait du reste aucune action de sa journée qu'elle ne trouvât le moyen de sanctifier, de sorte qu'elle pouvait dire avec l'Apôtre : « Qui me » séparera de la charité de Jésus-Christ ? » Les actes les plus vulgaires en apparence devenaient pour elle de nouvelles sources de mérites. On pourra en juger par quelques notes que nous trouvons au sujet des actions ordinaires de la vie.

Voici qu'elle était sa règle de conduite pour son lever :

« Je me lèverai à heure fixe ; je ferai cette pre-
» mière action de la journée de manière à attirer la
» bénédiction de Dieu sur toutes les autres ; je la
» ferai : 1° promptement, afin de ne pas sacrifier au
» démon de la paresse pour rester un instant de plus
» au lit, quand l'heure sera venue de me lever, mais
» imitant la servante dont le maître réclame les pres-
» sants services, disant à Dieu, surtout par mes actes:
» Me voici, Seigneur, parce que vous m'avez appelée ;
» ou bien : je suis prête, Seigneur, je viens faire votre
» sainte volonté ; 2° pieusement, donnant à Dieu ma
» première parole : Mon Dieu, je vous aime ! ma pre-
» mière affection, en élevant mon cœur vers lui ; ma
» première action, en faisant le signe de la Croix. En
» prenant mes habits, je réciterai le *Miserere* pour
» m'entretenir dans des sentiments d'humilité, à cause
» du péché qui nous met au-dessous de la bête et nous
» oblige à revêtir sa dépouille ; 3° modestement, par
» respect pour les yeux de Dieu, ceux de mon ange

» gardien ou des personnes qui pourraient se trouver
» présentes ; je ne paraîtrai jamais devant qui que ce
» soit, parents, amis ou domestiques, sans être en-
» tièrement vêtue ; je ne consulterai le miroir que par
» nécessité et sans affectation ; je m'habillerai le ma-
» tin pour tout le jour, s'il est possible ; j'éviterai
» toutes les modes qui sont contraires à la décence,
» j'observerai toujours la plus grande modestie dans
» mes vêtements, dussé-je en souffrir à certaine
» saison de l'année. »

Voici ce qu'elle dit au sujet des repas :

« Il faut considérer, dit-elle, comment le manger
» est l'action la plus vile à laquelle l'homme ait été
» condamné, celle qui le fait le plus ressembler à
» la bête, et celle où l'esprit n'a aucune part. Dans
» toutes les actions, on a besoin d'un peu d'intelli-
» gence ; dans celle-ci, c'est l'instinct seul qui guide
» comme chez les animaux.

» Plus donc cette action semble nous éloigner de
» Dieu, plus nous devons tâcher de la relever par
» des motifs surnaturels pris dans le but pour lequel
» la manducation a été établie. Nous devons donc
» prendre la nourriture, non pour contenter notre sen-
» sualité, mais uniquement pour obéir à Dieu qui
» nous y a assujettis, qui veut que nos corps subsis-
» tent par des aliments qu'ils doivent prendre tous les
» jours. C'est la nourriture qui soutient notre existence
» naturelle. Il n'est pas en notre pouvoir de changer
» l'ordre de la Providence, et de demander un autre
» mode d'existence : il faut sanctifier celui que Dieu

» nous a donné. Ainsi, quand l'heure du repas est ar-
» rivée, il faut penser qu'on va prendre la nourriture
» par obéissance à la volonté de Dieu, qui l'a ainsi
» ordonné; que ce n'est pas pour contenter le goût,
» mais afin de prendre de nouvelles forces pour mieux
» servir le Seigneur; que notre corps étant la machine
» dont notre âme se sert pour faire le bien, il faut
» l'entretenir. C'est sa maison, il faut la réparer à
» mesure qu'elle se dégrade ou s'affaiblit; si nous la
» laissions sans entretien, elle tomberait en ruines, et
» nous cesserions de vivre. Pénétrés de ces senti-
» ments, il faut lever les yeux au ciel, demander
» à Dieu qu'il bénisse les aliments que nous allons
» prendre, afin qu'ils nous donnent de nouvelles for-
» ces pour le mieux servir, et que nous n'en usions
» que pour sa gloire et notre salut.

» Pendant le repas, il faut se comporter avec esprit
» de foi et mortification. Je commence par considérer
» la table que Dieu lui-même nous a dressée dans sa
» grande miséricorde; c'est lui qui met la nappe à tous
» les êtres de la création, c'est lui qui distribue à cha-
» cun la nourriture nécessaire. En effet, c'est lui qui
» nous donne les aliments qu'on nous sert, qui fait
» végéter les plantes, multiplier les animaux, germer
» le blé, qui fait le pain de tous les jours, ainsi que le
» vin, qui fortifie et réjouit le cœur de l'homme. Je me
» représenterai J.-C. à table près de moi; je lui de-
» manderai ce dont j'ai besoin; de lui je recevrai les
» mets qu'on me fera passer. Ce sera lui que je croirai
» remercier. Je me tiendrai à table comme il s'y tenait

» lui-même, avec modestie, candeur et piété, entre-
» tenant dans mon esprit les pensées les plus nobles
» et les plus spirituelles ; de temps en temps je jet-
» terai un doux regard sur le divin Maître, afin de
» ne pas le perdre de vue.

» Le repas me représentera le festin du Ciel, ce fes-
» tin éternel où les Anges et les Saints se nourrissent
» de la vue de Dieu, en contemplant ses infinies per-
» fections et ses amabilités. Je penserai qu'il faut à mon
» esprit une nourriture plus spirituelle : « *L'homme*
» *ne vit pas seulement de pain, mais de toute pa-*
» *role qui sort de la bouche de Dieu.* » La parole
» sainte est la nourriture de l'esprit, la grâce est celle
» du cœur ; celle de l'âme, c'est la Sainte Eucharistie,
» le pain des Anges, que les hommes mangent cepen-
» dant ; l'eau me représentera cette eau vive de la
» grâce qui jaillit jusqu'à la vie éternelle ; je dirai
» souvent : Seigneur, donnez-moi de cette eau qui
» seule est capable de désaltérer.

» Je prendrai les repas avec mortification ; je m'ar-
» rêterai un petit moment après avoir été servie pour
» éviter l'empressement trop grand qui pourrait me
» porter à manger ; je me priverai de quelque chose
» à chaque repas, mais de manière à ce que personne
» ne s'en aperçoive, tantôt je prendrai moins du mets
» qui me conviendra et davantage de celui que j'ai-
» merai moins ; tantôt je me priverai de boire ou de
» mettre du vin à l'eau, je ne me lèverai jamais de
» table sans avoir fait quelque petite mortification :
» les Saints en faisaient de si grandes ! ils allaient

» jusqu'à mettre des choses amères ou des cendres
» dans la nourriture qu'ils prenaient !

» Après le repas, je remercierai Dieu de la nourri-
» ture qu'il a eu la bonté de me donner ; je le prierai
» qu'il m'en fasse faire un bon usage, et qu'elle serve
» plutôt à mon âme qu'à mon corps ; je le remercierai
» aussi des bon sentiments et des bonnes pensées qu'il
» m'aura inspirés ; je lui demanderai pardon des
» fautes que j'aurai pu commettre pendant le repas,
» par trop de sensualité, d'immortification, ou en ne
» m'étant pas assez pénétrée de sa sainte présence et
» de pensées pieuses. »

Elle n'apportait pas moins de sérieux et de réflexion
aux actions les plus distrayantes. Voici sa ligne de
conduite pour ses récréations :

» Les récréations sont bonnes en elles-mêmes ;
» elles sont nécessaires pour donner un peu de relâche
» à l'esprit, qui ne peut pas être toujours tendu, ap-
» pliqué à des choses sérieuses et fatigantes. Ainsi
» les récréations doivent être plus ou moins longues,
» selon que les occupations auxquelles on se livre de-
» mandent d'application, et généralement ceux qui
» ne travaillent que de l'esprit doivent en prendre
» davantage.

» Il ne faut pas que les récréations soient trop lon-
» gues, il faut les prendre sans dissipation, quoique ce
» soit un délassement. Pour la même raison, il ne
» faut pas se livrer à des exercices trop fatigants et
» qui occupent l'esprit. On peut, pendant les récréa-
» tions, se promener, parler, faire des visites, en re-

» cevoir, lire des livres d'histoire qui amusent sans
» demander une grande application d'esprit ; jouer à
» des jeux permis ; on peut même jouer de l'argent,
» mais en petite quantité et seulement pour intéresser
» la partie.

» On ne doit pas, sous le prétexte qu'on est en ré-
» création, perdre de vue la présence de Dieu ; on doit
» se distraire sans se dissiper, encore plus faut-il s'in-
» terdire tout ce qui pourrait nous porter à offenser
» Dieu et nous détourner de sa sainte présence. Il faut
» de temps en temps dire quelques mots d'édification,
» parler un peu de Dieu ou de la vertu, détourner
» adroitement la conversation si l'on parlait mal.

» Je commencerai par offrir ma récréation à Dieu,
» non-seulement comme tous mes autres exercices,
» mais par une offrande particulière. Je ne me laisse-
» rai pas aller à la dissipation, me rappelant que le
» temps de la récréation est à Dieu comme le reste de
» la journée, et que je dois m'en servir pour mon sa-
» lut ; que ce délassement ne m'est accordé que comme
» moyen pour me porter ensuite avec plus d'ardeur à
» remplir mes devoirs d'état ou de piété.

» Je tâcherai de me servir de ce temps pour faire
» des visites de devoir ou de bienséance. J'y parlerai
» de choses édifiantes et détournerai adroitement la
» conversation si, sous quelque prétexte que ce fût,
» on y parlait mal. Si la bienséance m'oblige à jouer
» à des jeux permis, je le ferai avec modération, n'y
» employant pas plus de temps qu'à mes récréations
» ordinaires ; je ne jouerai ni par intérêt, ni par pas-

» sion, mais seulement pour donner un peu de délas-
» sement à mon faible corps.

» Après la récréation, je ferai un petit retour sur
» moi-même pour voir de quelle manière je m'y suis
» comportée. Si j'ai manqué à mes résolutions, que je
» me sois trop dissipée et que je croie avoir péché, je
» m'humilierai et ferai un acte de contrition. J'offri-
» rai ensuite toutes mes actions de la soirée comme
» le matin. »

Ainsi faisait-elle continuellement pour toutes les
actions de la journée. On peut dire d'elle comme du
séraphique patriarche de l'Ombrie : « Son Dieu était
son tout ! » Dieu vivait en elle et se trouvait comme
reflété dans toute la suite de ses actions.

CHAPITRE XVII

Vie intime. — II. Exercices de piété

—»—

Après avoir vu comment Noémi était attentive à se rapprocher de Notre-Seigneur dans les actions qui eussent pu l'en éloigner, nous ne pouvons éviter de la suivre dans les exercices qui avaient directement pour objet Dieu et la sanctification de son âme. Là seulement elle se trouvait dans son vrai centre, c'est-à-dire seule avec Dieu seul, et nous ne pourrons jamais comprendre la générosité, la délicatesse de ses rapports avec son cher Maître. Et quoique son humilité le lui cachât à elle-même, ce que nous trouvons à ce sujet dans ses notes nous permettra cependant de le deviner dans une certaine mesure.

Voici quelle était sa méthode pour la prière vocale et l'oraison : « La prière vocale est une élévation de » notre âme vers Dieu : quand on veut bien prier, il » faut être uni à Dieu par la pensée ; par les affec- » tations du cœur, s'élever jusqu'à son trône en » présence de sa majesté ; puis s'anéantir devant lui, » se prosterner en toute humilité devant sa souve- » raine grandeur. Nous sommes tous obligés de prier

» avec respect, attention, ferveur, humilité et persé-
» vérance. Il faut aller à Dieu bonnement, en toute
» simplicité et confiance, comme un jeune enfant à
» son tendre père.

» La prière doit être précédée de préparation, soit
» éloignée, soit prochaine ; la préparation éloignée
» consiste en des sentiments d'humilité qui nous fassent
» connaître et sentir notre faiblesse, notre dépendance
» de Dieu ; que nous ne sommes rien et ne pouvons
» rien de nous-même ; que nous devons mettre
» en lui seul notre confiance. Il est tout puissant, il
» peut en tout nous assister ; il est tout bon, et il le
» veut ; notre indignité ne l'empêche pas de nous
» écouter ; il connaît notre misère, notre faiblesse, le
» limon dont nous sommes pétris; plus il nous accorde,
» moins nous le méritons, bien souvent; ses dons sont
» tout à fait gratuits, sans obligation de sa part, sans
» mérite de la nôtre ; il se plait à fortifier ce qu'il y
» y a de plus faible ; il faut compter uniquement
» sur lui et sans réserve. Il faut vivre dans le recueil-
» lement et la retraite autant que possible, uni à
» Dieu, attentif à sa sainte présence ; faire tout en
» vue de lui plaire ; faire souvent des oraisons jacula-
» toires, penser que Dieu est auprès de nous, que
» nous travaillons en sa société; être plus attentifs
» à nous tenir bien recueillis à mesure que nos
» actions sont plus multiples et plus dissipantes; sur-
» tout ne jamais occuper notre esprit de choses vaines
» et inutiles, encore moins de mauvaises ; ne pas s'en-
» gager dans de grandes conversations ou dans des

» affaires qui ne nous regardent pas ; parler peu et
» bien ; en un mot être attentif à la voix de Dieu
» qui aime le silence, *non in commotione Dominus.*
» Le Seigneur n'est pas là où il y a de l'agitation.

» La préparation prochaine consiste en trois actes :
» 1° un acte de foi en la présence de Dieu à qui nous
» allons parler, qui nous écoute ; 2° un acte de con-
» trition pour demander pardon à Dieu de nos péchés,
» qui nous rendent indignes de lui parler, et puis
» rétracter la part que nous pourrions avoir aux dis-
» tractions ; 3° diriger notre intention selon la prière
» que nous allons faire ou suivant ce que nous allons
» demander.

» Ces trois actes doivent être courts, mais chauds ;
» puisqu'ils doivent servir à toute espèce de prière,
» ils ne doivent pas durer plus qu'elle ; on peut même
» les faire par la pensée sans formuler un seul mot.

» Pendant la prière, l'attention générale est néces-
» saire : il faut penser qu'on parle à Dieu, qu'on s'en-
» tretient avec lui , en un mot qu'on prie. L'atten-
» tion au sens des paroles que nous prononçons est
» également nécessaire ; elle nous fait produire des
» sentiments conformes à la prière que nous adres-
» sons à Dieu.

» Quand nous prions en travaillant, il importe que
» le travail ne nous occupe pas plus que la prière ;
» on peut prier en s'habillant, se déshabillant, se pro-
» menant ; l'essentiel est que, quoique l'attention soit
» un peu à ce que nous faisons, elle soit aussi à la
» prière d'une manière suffisante. Quant aux distrac-

» tions, il ne faut pas s'en préoccuper ; ce qui nous
» importe, c'est que Dieu ne soit pas offensé, et il ne
» le sera pas quand nous aurons pris les moyens
» raisonnables pour bien faire.

» La Méditation est une prière qu'on appelle *oraison*
» *mentale,* parce qu'elle se fait ordinairement sans
» parler ; c'est vraiment l'union de l'âme avec Dieu,
» et la prière du cœur fervent. La Méditation a aussi
» ses préparations : la préparation éloignée, qui con-
» siste à être en état de grâce, c'est-à-dire à avoir une
» grande horreur du péché mortel, n'avoir pas même
» d'affection au péché véniel et n'en commettre
» aucun de propos délibéré. Le péché est un grand
» obstacle et empêche de bien faire la Méditation ;
» il ne faut pas rester un seul jour dans le péché
» mortel, ni même dans le péché véniel *réfléchi ;*
» si léger qu'il nous paraisse, ce péché offense tou-
» jours le bon Dieu, refroidit dans son amour et nous
« dispose au péché mortel. Représentons-nous deux
» amis ; ils ne s'offensent pas mutuellement ; s'ils le
» faisaient, cela troublerait leur union, diminuerait
» leur amitié et leur bonheur. Or, l'oraison étant con-
» sidérée comme l'heure du rendez-vous de l'âme
» avec Dieu, si nous ne lui sommes pas fidèles, il ne
» nous y fera pas sentir sa présence et s'éloignera.

» Il faut encore, pour bien faire l'Oraison, s'appli-
» quer au saint exercice de la présence de Dieu, l'avoir
» sans cesse présent à l'esprit, au cœur; le considérer
» toujours à nos côtés, lui parlant avec confiance ;
» c'est presque une oraison continuelle. Supposez que

» deux personnes aient une grâce à demander à un
» prince ; l'une habituée à lui parler se présente
» sans peine, à toute heure, lui parle sans difficulté ;
» l'autre, au contraire, qui ne lui a jamais parlé, se
» tient toute tremblante, ne sachant presque que
» dire, pouvant à peine exprimer ce qu'elle pense.
» C'est ainsi qu'il est presque impossible de parler à
» Dieu dans l'Oraison si on ne le fait pas habituelle-
» ment dans la journée.

» Il y a une autre préparation moins éloignée, qui
» se fait après la prière du soir et l'examen général
» des fautes de la journée : elle consiste à lire le
» sujet de la Méditation du lendemain, à le relire même
» pour s'en mieux pénétrer et bien saisir le sujet. On
» peut aussi diviser alors les points de l'Oraison,
» prévoir les considérations et affections conformes
» au sujet et les résolutions à prendre. Ce sera comme
» un abrégé de la Méditation qu'on fera plus au long
» et détaillée le lendemain. Toutes ces considérations,
» affections, résolutions peuvent se faire en se désha-
» billant ; il faut s'occuper de ces pensées en se cou-
» chant et s'en entretenir jusqu'à ce que l'on s'en-
» dorme. En nous levant, nous devons penser au
» bonheur que nous allons avoir de nous entretenir
» intimement avec Dieu, nous exciter à la ferveur et
» à l'amour, afin d'être moins indignes de lui parler.

» La préparation prochaine se fait ordinairement
» après la prière du matin ; elle consiste en un acte
» de foi en la présence de Dieu, qui remplit l'univers
» de son immensité ; il est en tout, il voit tout ; il est

» plus élevé que les cieux, plus étendu que la terre,
» plus profond que la mer et les abîmes. Je me le
» représenterai surtout présent en moi-même, me
» regardant et m'écoutant. Je me considèrerai tout
» en lui, comme une éponge qui est dans la mer toute
» pénétrée et remplie d'eau ; de même la présence de
» Dieu doit pénétrer et remplir mon âme, absorbant
» toutes ses puissances.

» Malgré mon indignité, je croirai fermement que
» le bon Dieu veut bien se rendre attentif à ma prière,
» qu'il m'écoute et m'exaucera si je le prie comme il
» faut ; parce qu'il ne rejette jamais la prière du pauvre
» qui sent sa misère et s'anéantit en sa sainte pré-
» sence. »

L'Examen particulier était avec l'Oraison un de ses
exercices de prédilection. « Il est aussi utile, dit-elle ;
» les Pères de l'Église et Rodriguez, l'auteur de la
» *Perfection chrétienne,* ne savent auquel des deux
» donner la préférence. Par l'Examen, on parvient à
» arracher tous les vices et à acquérir toutes les vertus ;
» en s'examinant tous les jours sur un même point, il
» est impossible de ne pas réussir à se vaincre. Pour
» cela il ne faut prendre qu'un seul de nos défauts,
» s'attaquer à celui qu'on appelle le *vice dominant,*
» ne pas vouloir le déraciner d'un seul coup ; il a tant
» de racines que nous n'y parviendrions jamais. Le
» défaut dominant est chez nous comme une grande
» ronce au milieu d'un champ ; on ne peut la faire pé-
» rir que par morceaux, une branche après l'autre.
» C'est un grand faisceau qu'on ne peut rompre en

» une seule fois, on n'en vient à bout qu'en prenant
» les branches séparément.

» Il faut prier notre Directeur, après lui avoir fait
» connaître quel est notre vice dominant, de nous
» indiquer les moyens à prendre pour nous en débar-
» rasser. Il y a plusieurs choses à considérer relati-
» vement à chaque vice : 1° ce qui paraît à l'ex-
» térieur : les actions ; 2° les intentions ; 3° les
» affections ; 4° le désir de la vertu contraire ;
» 5° la pratique commune de cette vertu ; 6° la pra-
» tique aussi parfaite que possible de la même
» vertu. Notre confesseur pourra donc nous montrer
» non-seulement le défaut, mais aussi la partie que
» nous devons attaquer de ce même défaut. Il faut
» continuer son examen sur le même point jusqu'à
» ce qu'on en soit venu à bout, et ne pas passer à
» un autre jusqu'à ce que celui-ci soit parfaitement
» acquis, dût-on y employer un temps très-consi-
» dérable. Si un soldat qui veut s'emparer d'une
» forteresse ne porte pas toujours ses coups au même
» endroit, il ne fera jamais brèche : s'il frappe tantôt
» ici et tantôt là, tous ses efforts seront inutiles.

» Quand le moment de l'examen sera venu, je me
» me mettrai en la présence de Dieu, me pénétrant
» bien de l'exercice que je vais faire et de son impor-
» tance ; je dirai le *Veni Sancte Spiritus*, pour im-
» plorer les lumières du Saint-Esprit, afin de connaî-
» tre toutes les fautes que j'aurai pu faire depuis la
» veille contre la vertu que je travaille à acquérir.
» J'ai besoin du secours de cet Esprit de sagesse, de

» lumière et d'intelligence pour me connaître moi-
» même. Je réciterai le *Je vous salue, Marie,* en
» invoquant, surtout de cœur, cette bonne Mère ;
» elle est le canal par lequel Dieu fait passer tou-
« tes les grâces. C'est par Marie que nous devons
» aller à Jésus, et par Jésus au Père céleste. Jésus
» dépose ses grâces entre les mains de Marie, afin
» qu'elle les distribue aux enfants des hommes. Elle
» est appelée la Trésorière des grâces.

» Après m'être bien examinée, je ferai un acte de
» contrition pour demander à Dieu pardon des fautes
» que j'aurai eu le malheur de commettre et que j'au-
» rai reconnues dans cet examen. Si je n'en ai pas
» trouvé, je m'humilierai toujours de celles que ma
» légèreté ou mon orgueil m'empêchent de reconnaî-
» tre ; les Saints, quoique bien parfaits, se jugeaient
» toujours coupables de quelques fautes. Je ferai en-
» suite un acte de bon propos et prendrai de fortes
» résolutions pour l'avenir. Je réciterai après cela les
» litanies du Saint-Nom de Jésus ; c'est un éloge de
» toutes les vertus ; en me les remettant devant
» les yeux, je m'exciterai à les pratiquer, et en par-
» ticulier celles que je désire le plus acquérir. »

Noémi attachait aussi une grande importance à la
lecture spirituelle. « Son utilité est tellement recon-
» nue, dit-elle, que dans tous les ordres religieux,
» elle est ordonnée par la règle. La lecture est une
» sorte de méditation. Elle tient lieu, pour les per-
» sonnes du monde, de la seconde méditation que l'on
» fait dans les couvents. Dans l'oraison du matin,

» nous parlons à Dieu ; dans la lecture, c'est Dieu qui
» nous parle. Ce sont les volontés de Dieu qui nous sont
» transmises, nos devoirs et nos obligations que nous
» trouvons écrits et que nous sommes obligés de prati-
» quer. Plusieurs grands Saints doivent leur conver-
» sion à la lecture des saints livres.

» La lecture est un miroir que je dois mettre en
» face de mon âme, afin de considérer la différence de
» ma conduite avec mes obligations ; c'est un tableau
» que je dois copier trait par trait jusqu'à ce que la
» copie soit conforme à l'original. C'est un ami fidèle
» que je puis avoir toujours avec moi, qui peut me
» suivre partout, et ne m'abandonnera jamais si je
» le veux ; c'est de plus un ami sincère qui ne me
» flatte pas, qui me montre mes devoirs, me reprend
» de mes défauts sans ménagement. C'est un ami qui
» n'est plus de ce monde et dont les instructions
» ont toute l'autorité que peut donner le silence du
» tombeau.

» La lecture est un maître habile qui nous instruit
» dans la science des Saints ; ce sont des lettres qui
» nous viennent du Ciel, de la part de Dieu même.
» Je dois lire d'abord le Nouveau Testament. Il nous
» importe avant tout de connaître la vie de Notre-
» Seigneur Jésus-Christ, sa doctrine et sa morale.
» Ensuite je dois lire l'Ancien Testament, l'Imitation
» de Jésus-Christ, le Combat spirituel. Après ceux-là
» je dois prendre ceux qui s'en rapprochent le plus
» et n'en sont qu'un plus grand développement, ou
» qui nous font considérer les mêmes vérités dans un
» autre jour.

» Avant la lecture, je demanderai à Dieu la grâce
» de bien comprendre ce que je vais lire, l'amour des
» vérités que j'y remarquerai, la fidélité à la grâce
» pour accomplir les résolutions que j'y prendrai. Je
» réciterai le *Veni Sancte,* pour demander au Saint-
» Esprit l'intelligence, et j'y ajouterai un *Ave Maria,*
» priant la Sainte-Vierge, qui est le canal par lequel
» Dieu nous distribue ses dons et ses faveurs, qu'elle
» m'obtienne d'en profiter.

» Je consacrerai environ vingt minutes à ma lec-
» ture. Je lirai lentement, ne parcourant que la moi-
» tié de ce que je lirais dans le même espace de temps,
» si c'était une lecture profane ; je lirai de manière
» à bien saisir ce que je lis ; je tâcherai de le bien
» comprendre, de le savourer, de reconnaître les de-
» voirs, les vertus et la morale qui y est renfermée,
» de me l'approprier, de m'en nourrir, de la comparer
» avec ma conduite, de voir la différence qu'il y a entre
» ma manière de faire et celle des Saints ; si mes
» actions, mes intentions sont conformes aux leurs.
» Je ferai passer ma lecture dans ma conduite en pre-
» nant des résolutions que je tâcherai de mettre en
» pratique le jour même.

» Après la lecture, je remercierai le Seigneur de
» ce que je viens de lire, des lumières qu'il m'aura
» données, des sentiments dont il aura touché mon
» cœur et des résolutions qu'il m'aura inspirées ; je
» lui demanderai la grâce d'y être fidèle, et je me
» mettrai sous la protection de la Sainte Vierge en
» récitant le *Sub tuum.* »

Malgré la longueur des citations, nous ne pouvons résister au désir de mettre sous les yeux de nos lecteurs quelques-unes des pages où cette belle âme fixe les pensées que Dieu lui inspirait sur l'accomplissement de ses devoirs. Nous allons donc continuer à nous instruire auprès d'un modèle si accompli, et voir de quelle manière Noémi faisait ses visites au Dieu de l'Eucharistie, comment elle entendait la Sainte Messe, et comment elle se préparait à la réception des Sacrements.

CHAPITRE XVIII

Vie intime. — Exercices de piété

———

« *De l'Adoration du Saint-Sacrement*. Nous par-
» lons à Dieu et Dieu nous parle ; nous sommes en sa
» sainte présence d'une manière toute spéciale, nous
» pouvons nous jeter à ses pieds, les embrasser, que
» dis-je ? nous pouvons approcher notre cœur de
» son cœur sacré, le sentir palpiter et savourer la dou-
» ceur de son amour. C'est l'instant du rendez-vous
» avec le plus fidèle des amis, qui ne semble vivre
» que pour nous, qui n'a placé sa demeure si près de
» nous que pour nous faciliter le moyen d'aller auprès
» de lui. Ami bon et constant, il nous attend sans
» cesse, nous le trouvons toujours disposé à nous
» écouter ; et d'ailleurs combien de visites ne lui
» devons-nous pas en reconnaissance de celles qu'il
» nous fait par la sainte Communion ! »

Pénétrée de ces sentiments, Noémi ne manquait
jamais un seul jour de faire une longue visite à son bon
Maître. « C'est notre Souverain, disait-elle, nous devons
» aller lui rendre hommage et solliciter ses grâces et
» ses faveurs. Il est tout-puissant et ne nous laissera

» pas retourner les mains vides, si nous savons met-
» tre à profit les courts instants que nous passons avec
» lui. Nous devons considérer Notre-Seigneur comme
» le compagnon de notre exil, admirer la bonté qu'il
» a eue de fixer sa demeure parmi nous, de placer sa
» maison au milieu des nôtres. Partout où il y a des
» hommes on peut élever des églises, non-seulement
» dans les grandes villes, mais aussi dans les plus petits
» bourgs. Chacun peut ainsi aller le voir et le consul-
» ter dans tous les événements de la vie. Il est ac-
» cessible à toutes sortes de personnes, de tout âge
» et de toute condition ; à toutes les heures du jour et
» de la nuit, on le trouve disposé à nous écouter ;
» nous n'avons pas besoin de lui demander audience ,
» il nous attend ; ce souverain Monarque, ce Roi des
» rois nous reçoit toujours à bras ouverts et comme
» un ami prêt à nous accorder ce que nous lui deman-
» dons. Il demeure sans cesse, nuit et jour, renfermé
» entre quelques morceaux de planche ou de marbre.
» Si dans les grandes cités on lui a élevé des basili-
» ques, dans combien de pauvres églises n'est-il pas
» plus mal logé que dans l'étable de Bethléem ! Là, il
» attend quelquefois tout le jour et toute la nuit pour
» recevoir la visite d'une personne ! Quelle patience,
» grand Dieu ! Quel amour envers les hommes ! vous
» nous prouvez bien la vérité de ce que vous nous di-
» tes : Mes délices sont d'être avec les enfants des
» hommes ! D'où vient que nous ne trouvons pas les
» nôtres auprès de vous, que nous ne soupirons pas
» après le moment heureux où il nous sera permis de

» venir vous adorer au pied des autels ? Que ne pou-
» vons-nous y passer tous les instants de notre vie et
» comme quelques saints y fixer notre demeure ! Com-
» ment puis-je sortir de votre temple et vous y lais-
» ser quelquefois seul sans sentir mon cœur se briser
» de regret et de douleur ? Mais à quels outrages
» l'excès de votre amour vous expose, ô mon Dieu !
» Non-seulement les hommes pour lesquels vous rési-
» dez ici et que vous voulez conduire au Ciel vous ou-
» blient ; mais que de profanations, que d'irrévérences
» dans les églises, que de sacriléges de la part de
» ceux qui s'approchent témérairement de votre
» Table-Sainte ! Vous l'aviez prévu , et cependant
» ces considérations n'ont pu vous déterminer à nous
» priver de votre présence réelle ! Que ne dois-je pas
» faire, ô mon Dieu, pour vous dédommager et recon-
» naître tant d'amour ! »

Et, se laissant saisir par ces pensées, elle demeurait de longues heures prosternée devant le Tabernacle et plongée, comme les Séraphins, dans une adoration
profonde. Ce qu'elle recevait de grâces dans ces instants précieux est incalculable. Le bon Maître se plaisait
à être prié, à être aimé, ne se laissant pas vaincre en
générosité ; s'il ne lui donnait pas de ces faveurs
sensibles qui sont le lait ou les fleurs de la piété, sans
doute c'est qu'il avait accepté son sacrifice, et que tout
en les lui réservant en surabondance pour le Ciel, il
déversait néanmoins d'une manière non moins réelle
dans son âme des flots de grâce qui la soutenaient
merveilleusement dans l'exil. Ce don de foi vive qu'elle

avait reçu lui tenait lieu de la vision béatifique, qui n'est pas de la terre. Jésus récompensait ainsi sa fidélité à partager avec lui la solitude de son temple.

Noémi ne se contentait pas d'une adoration vague et stérile : comprenant la valeur immense d'un entretien avec Notre-Seigneur, elle l'employait utilement pour la gloire de son cher Maître et le salut de son âme. Douée d'un esprit vif et pénétrant, elle découvrait sans cesse dans les anéantissements du Dieu de l'Eucharistie de nouveaux sujets d'admiration. Tantôt elle le voyait comme pain et vin de l'âme, nourriture indispensable pour soutenir, fortifier et faire croître la vie spirituelle, « vrai pain de *chaque jour* que nous devons surtout demander, en récitant le *pater*, disait-elle, et que nous devons désirer de recevoir tous les jours, comme les premiers chrétiens. »

Elle aimait aussi à considérer Notre-Seigneur comme victime de salut. A la lumière de la foi, l'autel lui paraissait un calvaire ; elle voyait la grande victime du monde sous le glaive du sacrificateur, s'immolant sans cesse sur tous les autels de la terre, se mettant à la merci du prêtre, demeurant entre ses mains sans action apparente, permettant à ses ministres de l'exposer à l'adoration des fidèles, de le promener dans les rues, de le porter aux malades et de l'enfermer dans le Tabernacle comme dans un sépulcre. Ces pensées l'absorbaient totalement, il lui semblait voir réellement Jésus offrant à son père ses humiliations, son isolement, les plaies de ses pieds et de ses mains et surtout celle de son cœur. « Quelles grâces, disait-

» elle, ne pouvons-nous pas obtenir par les mérites
» d'une si grande et si sainte victime ! Est-il jamais
» sorti du Tabernacle des foudres pour punir les
» pécheurs, quand ils demandaient grâce et pardon
» aux pieds des autels par les mérites infinis de
» Jésus-Christ, victime du salut ? »

Ces considérations produisaient en elle des sentiments d'humilité, de contrition. « Jésus est là, disait-
» elle, comme dans la crèche lorsqu'il était adoré par
» les Pasteurs et les Mages... Il est là comme il
» était dans la Judée, quand son regard convertis-
» sait les pécheurs, et quand il répandait son sang
» pour laver nos fautes !... Il est là caché, anéanti
» sous de faibles espèces, lui, le Verbe de Dieu, réduit
» au néant.... souffrant des outrages des uns, de
» l'irrévérence et des profanations des autres, du
» manque de foi et d'amour de tant d'âmes tièdes...
» Ah ! pourrai-je, moi, misérable pécheresse, me
» plaindre de l'isolement ou de l'ingratitude ? » En
contemplant les humiliations de son Dieu, elle eût
voulu se mettre aux pieds de tous, non-seulement pour
réparer ses imperfections, mais aussi pour devenir
semblable à celui qu'elle avait choisi pour époux et
être avec lui victime du salut pour les pécheurs.

Elle eût voulu aussi pouvoir l'aimer pour ceux qui
ne l'aiment pas. « Du moins, disait-elle, rendons à
» Jésus amour pour amour ! » Elle ne quittait l'église
qu'à regret. « Mon cœur se fend, disait-elle, quand il
» me faut dire adieu au Tabernacle ! » « Jésus, disait-
» elle encore, est notre Père, notre Roi, notre ami,

» notre Pasteur, notre Médecin : comment pourrions-
» nous ne pas nous trouver heureux près de lui ? »
Et chacun de ces titres était pour elle le sujet d'une
longue méditation qui se continuait comme d'elle-
même dans son esprit. En rentrant chez elle, elle
était obligée quelquefois d'épancher sur le papier le
trop plein de son cœur.

De la Confession. Le Sacrement de Pénitence est
une des grandes preuves de l'amour de Dieu, la réhabi-
litation de la pauvre humanité déchue, la planche
après le naufrage. Nous ne saurions dire combien
Noémi l'appréciait et avec quel soin elle s'y préparait.
Voici quelques extraits de ses notes à ce sujet.

« Avant la confession, je dirai le *Veni Creator,*
» *Notre Père* et *Je vous salue Marie,* etc., pour
» demander à Dieu la grâce de connaître mes péchés
» et de les bien détester ; après cela je m'examinerai
» sur mes devoirs envers Dieu, envers le prochain et
» envers moi-même, je m'examinerai sur la franchise,
» l'humilité, la pureté, la mortification. Après l'exa-
» men, je m'exciterai à la contrition, je supplierai
» le Seigneur de briser mon cœur par un repentir
» efficace. Quoique, par sa grâce, on ne se sente pas
» coupable de fautes mortelles, il faut, même pour les
» péchés véniels, que la contrition soit intérieure,
» surnaturelle et surtout souveraine. Je prierai le
» Saint-Esprit de la produire dans mon cœur par des
» motifs de foi :
» 1° Je descendrai en esprit dans l'enfer, je verrai

» la place que j'y ai méritée et où je serais si le bon
» Dieu m'avait punie quand je l'ai offensé ; je crierai
» vers lui grâce et miséricorde et ferai trois actes de
» contrition avec beaucoup d'attention et du fond du
» cœur, afin que Dieu ne permette pas que je tombe
» jamais dans le lieu de supplices et me pardonne les
» péchés qui auraient pu m'y condamner.

» 2° J'irai ensuite à la porte du ciel que je m'étais
» fermée, et je prierai le bon Dieu de m'y introduire
» au sortir de la vie, je réciterai trois actes de contri-
» tion avec une grande ferveur et une grande con-
» fiance.

» 3° Je réfléchirai sur la mort et la passion de
» Notre-Seigneur, sur tout ce qu'il a souffert pour moi
» d'humiliations et de douleurs afin d'expier des péchés
» que je regarde comme des bagatelles, des riens et
» pour lesquels cependant il a fallu l'effusion de tout
» son sang. Je dirai avec une grande humilité trois
» actes de contrition.

» 4° Je considèrerai mon ingratitude envers Dieu
» qui m'a gratifiée de tant de bienfaits, qui ne s'est
» pas lassé de me poursuivre malgré mes résistances,
» qui m'a sans cesse comblée de grâces malgré mes
» infidélités. Grandement pénétrée de mon ingrati-
» tude, je dirai trois actes de contrition avec toute
» l'attention dont je suis capable.

» 5° Je contemplerai le grand amour que le bon
» Dieu a eu pour moi, toutes les preuves qu'il m'en
» a données et de quelle manière j'ai répondu à tous
» les témoignages de sa tendresse ; je me suis servie

» de ses bienfaits pour l'outrager ! Je réchaufferai
» mon cœur à celui de Jésus, et je prendrai de for-
» tes résolutions pour l'aimer à l'avenir par-dessus
» toutes choses et ne plus l'offenser, puisque le péché
» lui déplaît ; je dirai trois actes de contrition avec la
» plus grande ferveur possible.

» Après cela je m'entretiendrai dans des senti-
» ments de contrition, jusqu'au moment où j'entrerai
» dans le confessionnal. Je verrai Notre-Seigneur
» dans la personne de mon confesseur; j'accuserai mes
» fautes avec la plus grande simplicité et humilité.
» J'écouterai les avis de mon confesseur avec le même
» respect que si Dieu me parlait.

» En recevant l'absolution, je me rappellerai que
» le sang de Notre-Seigneur coule sur moi ; je renou-
» vellerai mes sentiments d'humilité et de contrition,
» afin de le bien recevoir et de ne pas le profaner en
» le laissant tomber inutilement sur mon âme, malheur
» qui m'arriverait, si je ne m'étais suffisamment pré-
» parée à la réception de ce Sacrement.

» Après avoir reçu l'absolution, je demeurerai dans
» le plus profond recueillement pendant près d'un
» quart d'heure ; je repasserai les avis ou conseils
» qu'on m'aura donnés ; je penserai aussi aux fautes
» que j'ai accusées, et je prendrai des mesures efficaces
» pour ne pas y retomber ; je ranimerai ma ferveur
» dans le service de Dieu par des actes d'amour bien
» ardents ; je remercierai le bon Dieu de la grande
» grâce qu'il vient de me faire ; je le prierai de rati-
» fier dans le ciel la sentence d'absolution qui vient

» d'être prononcée pour moi sur la terre, et, me con-
» fiant en sa grande miséricorde, je lui témoignerai
» ma reconnaissance en priant la Sainte-Vierge et les
» Saints de le remercier pour moi. »

» *De la Pénitence sacramentelle*. Avant de faire
» la pénitence, je me mettrai en la présence de Dieu
» par un acte de foi bien vif, j'entrerai dans les sen-
» timents de la grande victime du Calvaire, et j'offrirai
» ses mérites infinis en supplément de ma faiblesse
» et de mon impuissance pour satisfaire à la justice
» divine...
» Je ferai ma pénitence à genoux et de la manière
» qui m'aura été prescrite, sans omettre le moindre
» détail, puisqu'elle fait partie du Sacrement ; j'ajou-
» terai toujours quelque petite prière, quelque petite
» mortification, puisque la pénitence imposée est si
» loin d'être proportionnée à mes offenses. »

CHAPITRE XIX

Vie intime. — III. Exercices de piété (suite)

Cependant toutes ces saintes pratiques, tous ces exercices de religion auxquels nous l'avons vue se livrer avec une foi si vive et une si admirable piété, ne sont pour nos âmes que des préparations et comme des préludes à la réception du Sacrement de l'Eucharistie. De même, en effet, que tous les astres convergent autour du soleil, ainsi dans l'Église de Jésus-Christ tout converge, tout gravite autour du mystère auguste, du Soleil de justice qui paraît tous les jours sur la montagne du sacrifice, et qui, comme au Calvaire, continue à être la lumière, la vie et l'alimentation de nos âmes. Noémi l'avait compris mieux que personne, et, dès l'âge le plus tendre, on admirait son recueillement pendant la Sainte Messe : elle ne manquait jamais d'y assister. Son Directeur spirituel, pressentant, par l'expérience qu'il en avait déjà, tout le bien que la Communion fréquente ferait à cette âme d'élite, n'hésita pas à la lui conseiller alors qu'elle était encore bien jeune ; et dans les dernières années de sa vie, l'habitude de communier étant devenue chez elle une seconde nature, elle s'asseyait tous les jours au Banquet Eucharistique.

Si le fruit de la Communion dépend de la préparation et de l'action de grâces, comme le dit sainte Thérèse, on peut être convaincu que les communions de Noémi ont dû produire en elle des fruits bien abondants ; toutes ses œuvres étaient dirigées dans ce but, sans cesse elle était préoccupée de ce qui pouvait contribuer à la purification de son âme et à y entretenir le feu sacré. Et puis, quand elle était au pied des autels et que le Saint Sacrifice commençait, qui pourra dire son recueillement et sa ferveur ? Nous regardons comme une des plus grandes faveurs que le bon Dieu nous ait faites d'avoir pu, quelquefois, nous trouver près d'elle au Saint Sacrifice de la Messe. « C'est ainsi, nous disions-nous, que devaient » se tenir et prier saint Louis de Gonzague et tous » les Saints qui sont au Ciel ! »

Combien sa prière était loin d'être vague et insignifiante comme elle l'est chez beaucoup de chrétiens ! Dès le commencement du Sacrifice, elle avait soin de fixer son esprit, afin de pouvoir fixer son cœur ; elle l'appliquait de préférence à la contemplation du mystère de la Passion qui se renouvelle à l'autel, et dont les diverses circonstances se trouvent figurées et représentées dans les cérémonies de la Messe. Nous trouvons dans ses notes des traces de la voie qu'elle aimait à suivre, et des indications précieuses sur les sentiments qu'elle éprouvait à ces heures bénies. Suivant Jésus depuis le Cénacle jusqu'au Golgotha, elle associait son âme à tous les mystères de joie, de douleur et de gloire à mesure que l'ordre de la sainte liturgie lui en retraçait le souvenir; et, en même temps que sa pensée allait s'abîmant de plus en plus dans la contemplation du grand modèle, son cœur se dilatait, reproduisant en lui-même les sentiments de celui qu'il aimait. Dans ce sacrifice, Jésus s'offre à son Père pour tous les pécheurs et pour l'univers entier; Noémi, à son tour, s'offrait comme victime aux mêmes intentions que son divin Maître. Elle renouvelait chaque jour à ce moment l'offrande totale qu'elle avait faite à Dieu de son corps, de son âme, de son esprit et de son cœur. Entrant dans le détail, elle lui offrait en particulier toutes les actions, les peines, les souffrances de la journée, ainsi que ses sentiments, ses pensées, ses paroles, ses regards, son travail, ses œuvres de charité, tout. « Tout, disait-elle, est pour » vous, mon Dieu! C'est vous seul que j'aime, c'est » pour vous seul que je veux vivre, je me consacre » à vous sans réserve et sans partage! » Et elle terminait son offrande par un acte d'abandon parfait à la sainte volonté de Dieu.

Sa prière était universelle et, après avoir demandé pour elle toutes les grâces spirituelles et temporelles dont elle avait besoin, elle faisait par la pensée le tour du monde et offrait en détail la grande Victime d'abord pour tous les membres de sa famille, même les plus éloignés, pour tous ceux qui lui avaient fait quelque bien dans l'ordre spirituel, pour les maîtresses qui l'avaient élevée et formée à la pratique de la vertu, pour tous ses amis et ses ennemis, pour tous ceux qui s'étaient recommandés à ses prières, pour toutes les âmes justes, afin que Dieu leur accordât la persévérance, pour tous les chrétiens et tous les pécheurs. Puis elle recommandait spécialement à Dieu notre Saint-Père le Pape, les évêques, les prêtres, demandant pour eux le zèle et la grâce de bien conduire les âmes qui leur sont confiées. Elle priait encore pour les rois et les princes chrétiens, pour les magistrats et tous ceux qui ont des charges publiques, pour les hérétiques et les schismatiques, les infidèles, les païens et tous ceux qui n'ont pas la foi.

Les pauvres âmes du purgatoire, qui étaient constamment l'objet de sa sollicitude, ne pouvaient être oubliées en ces moments précieux ; elle offrait le sang adorable de Jésus pour les âmes de ses parents, de ses amis et bienfaiteurs, et pour tous en général, mais spécialement pour celles qui sont oubliées ou abandonnées dans ce lieu de souffrance.

Les personnes qui l'ont vue de plus près nous ont affirmé qu'elle avait fait le vœu héroïque en faveur des âmes du purgatoire, dès qu'elle avait pu apprécier le mérite de cette pratique.

Puis, continuant à suivre la Sainte Victime, elle entrait dans des sentiments d'anéantissement et d'immolation, se mettant elle-même à ses pieds en état de victime, et se sacrifiant tout entière à son bon plaisir, pour sa plus grande gloire et la conversion des pécheurs.

Quand venait le moment de la consommation du sacrifice, avec quelle ardeur n'allait-elle pas à la sainte Communion ? Réunissant tous ses sentiments, elle entrait d'abord dans une douleur profonde de ses fautes, de l'abus des grâces ; puis, se livrant à la confiance et à l'amour, appuyée sur la Foi, elle avançait vers Celui qui a dit : « Mon Fils, donne-moi ton cœur ! »

Après la sainte Communion, elle demeurait longtemps occupée à s'entretenir dans des sentiments de reconnaissance et d'admiration. Profitant de la présence de Dieu dans son cœur, elle lui demandait les grâces particulières, le progrès dans les vertus. Elle retrempait sa faiblesse dans ce creuset d'amour, et comme les premiers chrétiens, elle eût été prête, en sortant de la Sainte-Table, à affronter la fureur des lions et des tyrans, à braver la mort.

Quand elle n'avait pas le bonheur de communier sacramentellement, elle ne manquait pas d'y suppléer par la communion spirituelle, et elle y apportait tant de ferveur, qu'elle en retirait les mêmes fruits.

CHAPITRE XX

Retraites spirituelles

Malgré l'ardeur de ses sentiments, la fermeté de ses résolutions et sa fidélité à les mettre en pratique, Noémi éprouvait, comme tous les Saints, le besoin de rentrer de temps en temps en elle-même pour réparer ses forces. Le contact du monde, le vieil homme subsistant toujours en nous et tendant sans cesse à reprendre son empire sur l'homme nouveau que la grâce du Sauveur a créé en nous, tous ces ennemis du dedans et du dehors fatiguent l'âme, et par leurs attaques continuelles lui portent des atteintes d'autant plus redoutables qu'elles demeurent souvent inaperçues. Un des meilleurs remèdes contre ce danger est celui que nous recommandent les maîtres de la vie spirituelle sous le nom de *Retraites*. Comme le navire qui a longtemps tenu la mer a besoin de rentrer au port pour réparer sa mâture, ses agrès et se ravitailler, ainsi l'âme a besoin de rentrer de temps en temps en elle-même, de se retirer dans la solitude comme en un port tranquille où elle pourra considérer et réparer à loisir les pertes éprouvées.

Nous avons déjà vu que Noémi avait de bonne heure pris à goût les saintes douceurs de cette solitude. Elle avait fait sa première retraite peu après sa sortie du couvent. Fidèle depuis lors à ce saint exercice, elle ne le fut pas moins à la pratique de mettre par écrit, à la suite de chaque retraite, ses réflexions et les résolutions qu'elle y avait prises, selon le conseil qu'elle en avait reçu de sa vénérée maîtresse Mme Saint-Philippe. Il nous a été ainsi donné de suivre d'année en année les progrès spirituels de l'élève, et de nous rendre un compte à peu près exact du degré de perfection qu'elle avait atteint quand Dieu la jugea digne du repos éternel.

L'humilité est la vertu de prédilection des Saints. A l'exemple de Marie, la reine du Ciel, les plus grandes âmes sont petites à leurs propres yeux, s'estiment des servantes inutiles et se voient toujours devant Dieu comme chargées de péchés. C'est le sentiment que Noémi recueille des revues qu'elle fait de son âme. « Que » faisons-nous pour le Ciel et pour Dieu, s'écrie-t-elle » à la fin de sa retraite de 1835 ? Rien... des prières » sans attention, des confessions sans fruit et sans » contrition, des communions sans préparation, des » actions faites par vanité, mille pensées vaines et » inutiles, vie dissipée et immortifiée. Croirai-je que » c'est en cela que consiste la vie chrétienne et que » cette route peut me conduire à Dieu ? Convertissons- » nous sincèrement, commençons sans délai et disons

» avec saint Augustin : « Plus de demain, dès ce
» moment je suis tout à vous, ô mon Dieu ! »

Dans la retraite suivante, elle est surtout frappée de
la pensée des fins dernières : « Le temps, dit-elle, ne
» nous a été donné que pour chercher Dieu, la mort
» pour le trouver et l'éternité pour le posséder. Pour
» y arriver, il faut bien employer le temps, ne pas le
» perdre en bagatelles, en bien ménager tous les ins-
» tants, bien profiter des grâces et nous rappeler que
» nous rendrons compte d'une parole inutile. Nous
» sommes sur la terre pour faire pénitence ; il ne faut
» laisser passer aucune occasion de se mortifier, re-
» chercher même les mortifications et ne viser jamais
» à plaire qu'à Dieu seul. Que sert-il de gagner l'es-
» time des hommes et de déplaire à Dieu , de bien
» travailler et ne rien mériter ? « Ce peuple m'honore
» du bout des lèvres, dit le Seigneur, mais son cœur
» est loin de moi. » Qu'aurons-nous à présenter au
» Souverain Juge quand nous paraîtrons devant lui ?
» Des œuvres inutiles pour le Ciel. Il faut donc faire
» toutes nos actions pour Dieu seul, chercher cons-
» tamment l'occasion de plaire à Dieu. Si *Dieu seul*
» est mon tout dans le temps, il sera mon partage
» dans l'Éternité. »

L'année suivante, l'occupation et le fruit de sa
retraite, c'est le recueillement et l'exercice de la présence de Dieu appuyés sur la mortification extérieure
et intérieure, et elle y reviendra plus d'une fois encore.
« Je crains, dit-elle, que le Seigneur, las de ma dissi-
» pation, ne m'abandonne et ne me maudisse comme

» le figuier stérile. Il faut donc que je fasse tous
» mes efforts pour rappeler mon imagination volage,
» pour ne m'occuper que de Dieu et de mon salut...
» Le Seigneur ne m'a pas établie pour surveiller mon
» prochain et pour former de grands projets, mais
» pour travailler avant tout au salut de mon âme,
» car beaucoup sont appelés, mais il y a peu d'élus ! »

La sainteté de sa vie, la pureté de ses intentions ne
la rassuraient pas. Elle se voyait toujours devant
Dieu comme une grande pécheresse. « Jusques à
» quand, disait-elle, lasserai-je la patience de mon Dieu
» en mettant toujours obstacle au règne de sa grâce
» dans mon cœur ?... Profitons des moyens que ce
» divin Sauveur nous offre, et si nous voulons régner
» avec lui, commençons à le servir en esprit et en
» vérité ; peut-être est-ce la dernière grâce qu'il nous
» fait, et si nous en abusons, qui sait s'il ne nous aban-
» donnera pas pour toujours ? Il faut donc se vaincre
» et se faire violence ; il faut, coûte que coûte, prendre
» tous les moyens possibles pour fléchir la colère de
» Dieu et obtenir de lui miséricorde. Pour cela, je
» détruirai en moi tout désir de l'estime et de la
» louange des hommes, je rechercherai les humilia-
» tions, et je m'appliquerai plus que jamais à la sainte
» présence de Dieu et à la modestie. »

En 1844, elle s'examine spécialement sur sa fidélité à la grâce, l'attention aux inspirations et à la
présence de Dieu. Elle s'engage à s'appliquer de toutes les forces de son âme à la pratique de la perfection ;
il faut que les fleurs qu'elle veut offrir à Jésus brillent

de tout leur éclat. « Pour acquérir l'humilité, dit-
» elle, je ne tiendrai pas à mon sentiment ; je céderai
» toujours, et ne me croirai pas utile ; je chercherai
» à être oubliée, inconnue, à faire passer le succès
» sur le compte des autres... » Elle étudie de plus
en plus ses penchants, afin de redresser ceux qui
l'éloigneraient de Dieu. Elle reconnaît que le contact
du monde lui fait éprouver des pertes sensibles, et elle
se propose de s'en isoler autant que possible, de ne
s'occuper que des affaires indispensables ou comman-
dées par la charité ; il faut que ses actions et ses
intentions soient toutes pour Dieu, et qu'il n'y ait pas
même, s'il se peut, une parole inutile dans sa vie.
Elle prend pour modèle Sainte Marie-Madeleine. A
son exemple, elle veut que son amour aille jusqu'à l'abnégation la plus entière. « Je ne refuserai rien à la
» grâce, dit-elle, je n'accorderai rien à la nature. »

Sa retraite de 1845 est comme une répétition de la
précédente. Elle se considère comme une servante
inutile et coupable, ne faisant pas valoir les talents
que Dieu lui a confiés et ne sachant pas assez s'oublier
elle-même. Elle reconnaît qu'elle a trop de tristesse
de l'échec d'une bonne œuvre. « Désormais, dit-elle,
» je ne rechercherai pas de louanges, ni ne m'afflige-
» rai de ce qui pourrait froisser l'amour-propre. Com-
» bien l'idée qu'on a de moi dans le monde est au-
» dessus de ce que je suis devant Dieu ! Je suis
» chargée de beaucoup d'œuvres ; mais un tourbil-
» lon est cause que je n'entends pas la voix du Maître.
» Je perds le recueillement, et ne sais pas demeurer

» en paix près de Dieu. Je travaille en pure perte.
» Mes actions sont comme les toiles d'araignée, elles
» ne sont bonnes qu'à prendre des mouches ! Je dois
» expier le passé par la pénitence, supportant avec
» joie l'oubli, les sourires de mépris, les paroles fâ-
» cheuses, les affronts, s'il m'en vient, et tout ce qui
» pourrait froisser mon amour-propre.

» Je défie souvent les lions, et je ne puis supporter
» un moucheron ; je me croyais forte pour le martyre,
» et un simple sourire suffit pour me déconcerter ; je
» n'avais d'attrait que pour les macérations du corps,
» et cependant la meilleure mortification est celle des
» sens et surtout celle du cœur.

» Je dois tout supporter de la part de Dieu ou des
» créatures ; point de couronne sans combat, point de
» ciel sans pénitence. »

Dans sa retraite de 1846, sur l'avis de son Directeur, elle s'efforce de sortir de l'état de crainte exces-
sive où elle était relativement à ses œuvres et à ses
exercices de piété, pour se pénétrer de sentiments de
confiance plus conformes à ce que la Foi nous enseigne
de la miséricorde de Dieu. Elle médite, elle prie, elle
implore, et bientôt, déployant ses voiles au souffle de
l'amour divin, elle entre dans les voies plus larges,
et au lieu de scruter sans cesse ses pensées ou ses
actions, elle s'établit dans la paix et la joie de conscience. « Si le joug du Seigneur est doux et son far-
» deau léger, je ne dois pas, dit-elle, le rendre dur
» et pesant en me chagrinant et me troublant à la
» moindre tentation. Il suffit que la discrétion et la

» prudence soient observées dans mes bonnes œuvres
» et que je les offre à Dieu plusieurs fois par jour ;
» après cela, je ne dois plus m'en préoccuper. Je dois
» partager mon temps entre les prières, les bonnes
» œuvres et mes devoirs de famille, les prières même
» doivent céder au besoin du prochain. A l'église,
» je dois me rendre utile pour tout ce qui sera de
» mon ressort, me rappelant avec foi quel est celui
» qui y habite et que c'est une noble fonction de tra-
» vailler à l'ornement et à la propreté de sa demeure ;
» n'oubliant pas de faire toujours tout pour Dieu et
» sa plus grande gloire. Dans la famille, je veux être
» douce, affable, prévenante envers tous nos parents,
» cherchant tout ce qui peut leur faire plaisir, avoir
» un abord doux, facile, accessible, sans rebuter
» personne, me faire tout à tous. » Puis, à l'exemple de Jésus-Christ, elle fait abnégation, sacrifice
complet des consolations intérieures. Dieu seul !
« Aimons, dit-elle, et prenons pour ami celui qui ne
» nous quittera pas quand tout le monde nous aban-
» donnera. N'oublions pas Jésus-Christ seul dans
» nos églises : il sera avec nous quand nous serons
» seuls. »

En 1847, elle cherche encore à calmer ses craintes,
en s'appuyant sur la miséricorde de Dieu. La revue
qu'elle fait de sa conscience nous fournit une occasion
de plus d'admirer sa générosité, sa vie de mortification,
de prière et de dévouement. Malgré ces trésors de
grâce, son humilité profonde lui fait toujours craindre
de ne pas travailler suffisamment à la vigne du Sei-

gneur. Il lui semble aussi que sa vie active est entachée d'orgueil.

Pour combattre cette inclination, elle se propose de faire chaque jour son examen particulier sur l'amour propre, « Et avec toutes ces imperfections, dit-elle, je » continuerai mon chemin avec paix et calme. »

L'année suivante, examinant ses profits et ses pertes, et reconnaissant que Dieu se donne dans la proportion que l'on se donne à lui, elle se propose de se donner sans mesure, de tout faire en vue du pur amour , de rejeter les pensées de découragement, de croire à l'immensité de l'amour de Dieu. A l'exemple du bon Maître, elle veut prouver son amour par le sacrifice. Dans ce but, elle fera de la souffrance l'objet de ses délices. « Je multiplierai les pénitences, dit- » elle : j'accepterai les dégoûts ou les répugnances » qu'inspirent parfois les œuvres de charité ; je sup- » porterai le prochain avec douceur et bonté. Je ferai » sans cesse de ces petites mortifications qui ne sont » vues que de Dieu seul, dans les repas, les visites, » les conversations, etc., etc. En un mot, je témoigne- » rai mon amour à Jésus par la pratique continuelle » de ces petites immolations. »

Puis, s'élevant aux plus sublimes hauteurs du sacrifice, avide de retracer en elle les traits du divin Crucifié, et comptant d'ailleurs sur le secours puissant qui nous vient de Jésus eucharistique, elle renouvelle le sacrifice des consolations spirituelles et accepte les épreuves les plus pénibles que son esprit peut prévoir. Elle fait même le sacrifice de sa vie, « en

» expiation, dit-elle, du mauvais usage qu'elle en a
» fait. »

En 1849, elle remercie Dieu comme d'une grande
grâce de ne goûter, hors de lui, ni bonheur, ni con-
tentement, de ne trouver dans les créatures que mé-
comptes, que duplicité et qu'inconstance. — « Il est
» temps, dit-elle, ô mon Dieu, que je ne blesse plus
» votre cœur par mon indifférence, mais que je vous
» le donne tout entier, sans réserve et sans partage ;
» que je rende amour pour amour à Celui qui n'a rien
» épargné pour me montrer le sien. Je dois ne m'at-
» tacher qu'à Dieu seul ; je dois l'aimer dans la
» tristesse et les épreuves, comme dans la joie ; je
» dois être toujours à Dieu et à Dieu seul. Toutes les
» parties de mon être lui appartiennent : mon esprit,
» mon cœur et mes actions ; si je garde quelque chose
» pour moi ou pour autrui, c'est dire que Dieu ne
» mérite pas tout, c'est une rapine. »

Faisant un retour sur sa vie passée, elle déplore les
instants où son esprit n'a pas eu Dieu pour objet unique, où son cœur a été trop sensible à l'affection des
créatures, où ses actions n'ont pas été offertes à Dieu
avec les accents du repentir le plus profond ; elle s'ac-
cuse comme une grande criminelle. Cependant la
confiance dans les miséricordes de Dieu lui fait espérer
le pardon ; elle se relève avec courage, se jette aux
pieds de ce bon Maître, « qui est, dit-elle, mon Créa-
» teur, mon Bienfaiteur, mon Père, mon Ami fidèle,
» etc., etc. Pardon, mon Dieu, ajoute-t-elle, pour le
» passé, oubliez-le ! Avec le secours de votre grâce,

» je vais m'appliquer à réparer mes infidélités par un
» plus ardent amour, une vigilance plus soutenue, je
» vous offrirai continuellement toutes mes actions ;
» tout sera pour votre pur amour et pour vous plaire.»

Puis, ayant chassé cet esprit de crainte qui la dominait, et, comme la nacelle qu'un vent favorable
pousse au large, ouvrant son cœur à la confiance, elle
se dilate à la pensée du Ciel : « C'est là, dit-elle, que
» Dieu nous appelle, qu'il nous attend pour nous dé-
» dommager des peines d'ici-bas et nous rendre heu-
» reux, en nous donnant le centuple de ce que nous
» aurons fait pour lui. »

Cette contemplation la remplit d'une joie surnaturelle. « Oui, mon Dieu, dit-elle, je le crois, vous
» m'appelez au Ciel ; vous voulez que je vienne par-
» tager votre bonheur, contempler votre gloire, vous
» posséder toujours. Je le crois, mais fortifiez ma foi !
» que les obstacles de la vie ne viennent pas l'affai-
» blir ; que la vue du Ciel m'encourage à supporter
» les peines de l'exil, puisqu'elles me doivent servir
» pour arriver à la céleste patrie, à l'entière posses-
» sion de vous-même, ô mon Dieu ! Mon Dieu, merci
» de m'avoir fait une destinée si belle et si sublime !
» faites que je m'en rende digne de plus en plus ! »

Revenant sur elle-même, elle fait la récapitulation
des grâces sans nombre que Dieu lui a faites pour la
conduire au Ciel, grâces de force pour vaincre des occasions dangereuses, grâces particulières et inatten-
dues, grâces innombrables... Si elle n'en a pas profité
selon ses désirs, du moins elle ne permettra pas que le

découragement paralyse sa marche ; mais, ferme dans sa confiance, elle espère que Dieu lui continuera les mêmes faveurs, et qu'avec ce puissant secours elle pourra, comme sainte Thérèse, sainte Chantal, saint Louis de Gonzague et tous les Saints, sinon atteindre les sublimes hauteurs de l'héroïsme, au moins faire de continuels progrès et arriver enfin à jouir avec eux de la vue de Dieu dans le Ciel. Elle s'engage à nourrir cette espérance et à rejeter, comme injurieux à Dieu, tout sentiment de défiance qui pourrait la troubler au sujet de cet avenir futur. Elle s'abandonne au bon plaisir de Dieu ; ne voulant faire que sa volonté, elle lui consacre tout son être, accepte toutes les peines ou épreuves auxquelles il la soumettra, et désire réparer le passé par la pénitence, en utilisant le présent pour assurer son salut et prouver à Jésus tout son amour.

Dans sa retraite de 1850, la pensée dont elle cherche à se bien pénétrer est celle de la grande miséricorde de Dieu à son égard et de tout ce qu'il a fait pour le salut de l'humanité, quoiqu'il n'eût nullement besoin de sa créature. La vue de sa misère ne la décourage pas ; elle s'humilie profondément, reconnaissant son impuissance et son néant, et elle se confie en Dieu en proportion de sa faiblesse. Appuyée sur cette humble confiance, elle pénètre au fond de son âme et se livre à l'examen le plus minutieux de ses dispositions et de ses fautes. La fin de l'homme, l'amour de Dieu, ses devoirs religieux et ses devoirs d'état sont le premier sujet de ce premier examen. Elle compte ensuite ses infidélités ou imperfections volontaires, et l'on peut juger du degré de sa sainteté par les résolutions qu'elle prend : « Je dois veiller sur moi, afin de ne jamais » commettre aucune imperfection volontaire, agir avec » calme et observer toutes mes œuvres, ainsi que les » intentions qui me font agir. » Elle s'arrête longuement sur l'esprit de pénitence, qui est à ses yeux « le sel qui préserve de la corruption. » Comme son Directeur mettait quelquefois des bornes à ses désirs de pénitence corporelle, elle se propose de se dédommager en multipliant les mortifications intérieures.

Elle prend pour modèle de sa conduite l'intérieur et l'extérieur de Jésus-Christ ; à l'exemple du Maître, elle fera ses actions sans éclat et sans bruit, en cachant tout ce qui pourrait lui attirer l'estime du monde, se tenant unie à Dieu et conversant avec lui dans le plus intime du cœur, tout en paraissant traiter ou converser avec les créatures. Elle ne se chargera pas de trop d'affaires extérieures et prendra toujours le temps nécessaire au soin de son âme et à ses exercices de piété ; dans tous ses emplois, elle conservera le calme et agira sans trouble, sans précipitation, sans empressement. « Le temps, dit-elle, ne nous est donné que » pour chercher Dieu. Il n'est pas dans le trouble, » ce n'est que dans la solitude qu'il parle au cœur. »

Elle s'abandonne à la Providence les yeux fermés, ne voulant compter pour tout que sur le secours de Dieu, adorant ses volontés et s'y soumettant sans murmure et sans résistance, « L'ami véritable, dit-elle, » doit-il se méfier de son ami ? l'épouse, de l'époux ? » une mère oublierait-elle son enfant ? C'est honorer » Dieu que de s'abandonner à lui ! »

Elle étudie ensuite la vie cachée ou l'humilité qu'elle sait être la vertu la plus chère au Cœur de Jésus ; elle ne voudrait avoir que Dieu pour témoin de ses actions, elle s'engage à ne paraître au dehors que lorsque la charité envers le prochain l'exigera d'elle, ou que la gloire de Dieu y sera intéressée, et alors même elle se tiendra en garde et dirigera vers Dieu seul toutes ses intentions.

Elle passe en revue les divers degrés d'humilité et, persuadée qu'elle n'est rien, qu'elle ne sait rien, qu'elle ne peut rien, elle voudrait que tout le monde connût ses imperfections, et qu'on la traitât comme vile et abjecte ; elle voudrait recevoir des mépris, des confusions publiques. « On se trouve souvent peiné
» et abattu de se voir si faible dans l'ordre de la
» grâce, insupportable à soi et aux autres ; si cela
» décourage, c'est une preuve qu'on n'est pas humble ;
» l'humilité c'est l'amour de Dieu porté jusqu'au
» mépris de soi-même, jusqu'à l'amour de sa propre
» abjection. L'âme humble proteste qu'elle n'est rien
» qui vaille, mais que tout nous vient de Dieu, et que
» tout est opéré par lui en nous. »

L'étude de l'humilité la conduit à l'amour des humiliations et des souffrances : « Elles nous sont dues,
» dit-elle ; le simple sentiment de la justice devrait
» suffire à nous les faire rechercher. » Elle contemple alors la grande Victime du monde dans les abaissements et les tortures de la Passion, et son cœur ardent ne veut pas laisser souffrir seul celui qui souffre pour elle. Elle veut, comme le Patriarche d'Assise, repro-

duire dans sa vie les souffrances de son cher Maître ;
elle énumère les coups qu'il a reçus dans son corps,
les humiliations que son esprit a subies, et les déchi-
reménts que son Cœur sacré a acceptés, et elle voudrait boire à ce calice du Sauveur sans qu'aucune
amertume lui fût épargnée. A cette fin, elle renouvelle
le sacrifice qu'elle a déjà fait des consolations intérieures.

« Quand on voit le Maître réduit à ce triste état,
» dit-elle, que peut-on désirer ? Que méritons-nous ?
» Sachons au moins souffrir sans nous plaindre ! »

Résumant ses diverses résolutions, elle ne s'éton-
nera plus de ses défaillances ; mais elle se relèvera
avec courage, s'humiliant et continuant à marcher,
en s'appliquant de plus en plus à tenir ses bonnes résolutions, comptant sur Dieu et non sur elle-même, lui
demandant sans cesse sa grâce. « Je me tiendrai,
» dit-elle, recueillie, ne me laissant point accabler,
» ni dissiper par les affaires extérieures, me rappe-
» lant que Marie a choisi la meilleure part, et tout
» en faisant le bien des autres, je ne négligerai pas
» de faire le mien. En un mot, je m'appliquerai à
» acquérir une grande confiance en Dieu, un grand
» mépris pour ma misère, mon néant, mes péchés.
» A Dieu seul honneur, gloire et amour dans tous les
» siècles ! »

Dans sa retraite de 1852, elle recueille dans son
âme cette parole du divin Maître : « Ma fille, donne-moi,
» ton cœur ! » et ce désir de Jésus l'impressionne
totalement : « Quoi, dit-elle, il est quelque chose en nous

que Jésus désire passionnément ! » Elle examine comment doit être faite cette donation à Jésus. « Il est
» facile, dit-elle, de tout donner à Dieu d'une manière
» générale ; mais, dans le détail, il est difficile de
» renoncer à quoi que ce soit. Comment ferai-je pour
» lui donner mon cœur, et n'avoir plus d'autre amour
» que le sien, d'autre volonté que la sienne ?

» Dieu me commande de l'aimer ! commandement
» aussi étonnant qu'il est aimable. Les rois de la
» terre mépriseraient mon cœur ; le Roi du Ciel veut
» que j'entretienne avec lui un commerce d'amour, il
» s'irrite si je ne l'aime pas ; plus souvent ma bouche
» et mon cœur lui donnent des témoignages d'amour,
» plus ce monarque me chérit tendrement. Ceux qui
» pendant cette vie n'auront pas aimé Dieu, brûle-
» ront dans l'enfer du feu de sa justice. Je prends
» donc la résolution de tout faire, de tout souffrir
» en vue de son pur amour, de n'agir que par amour,
» de vivre et de mourir par amour. »

Mourir à tout ce qui n'est pas l'amour de Dieu,
afin de vivre de cet amour, c'est la mortification chrétienne. « Quel est l'homme, dit-elle, qui ne puisse
» dire comme Job : O mon Dieu, pourquoi avez-vous
» permis que tout en moi soit contraire à votre loi ? »
Elle est toute spirituelle, et je suis toute charnelle.
Comment deviendrai-je semblable à vous ? Elle reconnaît une fois de plus qu'elle n'y parviendra qu'en
prenant en main le glaive de la mortification, en crucifiant ce corps de péché, en faisant mourir le vieil
homme et en se revêtant du nouveau. « L'esprit du

» Christianisme, dit-elle, est un esprit de renoncement
» et d'abnégation ; la grâce qui fait notre force a sa
» source sur le Calvaire, et y conduit les cœurs dociles
» à ses inspirations. Les Sacrements sont institués pour
» nous armer dans les combats du Seigneur ; c'est
» donc l'homme tout entier qu'il faut détruire et réfor-
» mer par la mortification. Éloigner de l'esprit les
» mille fantômes qui le troublent et le portent au mal,
» faire un pacte avec ses yeux, entourer ses oreilles
» d'une haie d'épines, retenir sa langue sous une dou-
» ble clef, veiller avec grand soin sur son cœur. La
» vie de l'homme est un combat continuel ; il faut
» toujours travailler la terre de notre âme, couper,
» arracher ce qui repousse sans cesse, et cela tous les
» jours. »

Malgré cette perspective de souffrance, à l'exemple
de l'Amante de Jésus, elle prend la meilleure part, et
fait le même choix. « Que ne puis-je, dit-elle, le
» faire avec le même amour et pour toujours ! O mon
» Jésus, s'écrie-t-elle, je vous choisis pour mon par-
» tage pour le temps et l'éternité... Aidez-moi de
» votre sainte grâce ; possédez tout mon cœur ; fer-
» mez en l'entrée à tout autre objet ; régnez-y seul,
» régnez-y parfaitement, régnez-y toujours ! »

C'était le plus ordinairement au couvent des Dames
de Saint-Maur ou à la Visitation de Montpellier que
Noémi allait faire ses retraites (1). Quand les Dames

(1) Le souvenir de son enfance, les bonnes relations qui s'étaient
établies entre elle et sa maîtresse Mme Saint-Philippe de Vaquié,
devenue plus tard directrice de l'établissement, avec laquelle elle ne

de la Retraite furent établies dans cette ville, elle alla
aussi quelquefois chez elles. Partout, elle laissait
comme le parfum de ses vertus ; ces Dames ne pouvaient s'empêcher de l'admirer et de la regarder
comme une âme privilégiée. Une religieuse de la Visitation, la Sœur Thérèse de Sales, de sainte mémoire,
m'a dit souvent : « Noémi fait plus de bien dans le
monde que nous dans le cloître, c'est une personne
héroïque ! »

Toutefois, ce n'était pas ce que, dans son humilité,
notre pieuse chrétienne pensait d'elle-même ; au contraire, malgré les œuvres nombreuses qu'elle avait
déjà faites, elle se croyait encore comme au début de
sa carrière spirituelle et la dernière des créatures. Sa
grande préoccupation était la crainte des jugements
de Dieu ; et quoique ses Directeurs relevassent sans
cesse sa confiance et son courage à ce sujet, cette
appréhension la poursuivit jusqu'à la fin de sa vie ;
dans les dernières années, cette crainte était même
devenue crucifiante : le divin Maître le permettait
sans doute pour lui donner par le martyre de l'âme un
dernier trait de ressemblance avec lui-même.

Dans sa retraite de 1853, Noémi recherche les

cessa jamais d'entretenir correspondance, l'attiraient vers la maison du Saint-Enfant Jésus.

L'amitié et la parenté l'amenaient aussi quelquefois à la Visitation :
plusieurs de ses amies intimes y avaient pris le voile, entre autres
Mlle Arnaud, de Pouzols (sœur Louise-de-Sales). Combien Noémi
n'était-elle pas heureuse de suivre avec ces âmes privilégiées les
exercices de la Communauté ! Aussi y trouvait-elle les journées
courtes.

causes qui l'empêchent d'arriver à l'union totale. Toujours sévère pour elle-même et prompte à s'accuser, elle reconnaît que le principal obstacle vient de ses négligences dans le service de Dieu, de quelque secrète complaisance, du manque de charité envers le prochain.

Ravivant la flamme de l'amour sacré, elle s'engage à prendre à la lettre cette parole du divin Législateur : « Soyez parfaits comme mon Père céleste est
» parfait. » « Donc, plus d'infractions au règlement,
» recueillement non interrompu, examen fréquent sur
» les motifs qui me font agir, examen surtout devant
» Dieu dans la visite au Saint-Sacrement. La vue de
» mes faiblesses, ajoute-t-elle, de mes fautes même,
» ne doit point me décourager, Dieu connaît le limon
» dont je suis pétrie et il se plaît à pardonner plutôt
» qu'à punir. En jetant à ses pieds toutes nos misè-
» res, nous lui donnons occasion d'exercer sa grande
» miséricorde.

» Il faut : 1° qu'avec le secours de sa grâce
» je ne fasse rien pour lui déplaire volontairement
» et avec connaissance ; que je m'applique à ne
» lui refuser aucun sacrifice et que je n'accorde rien
» de superflu à la nature.

» 2° Pour ce qui est de l'orgueil, je suis résolue
» d'en faire la matière de mon examen particulier, de
» méditer souvent sur ma misère, mes faiblesses,
» voulant me convaincre de plus en plus qu'il n'y a
» rien de bon en moi qui m'appartienne. En effet, je
» ne suis capable de rien sans le secours de Dieu ; je

» ne possède aucune des vertus qu'on me suppose ; je
» me crois utile, tandis que je ne suis qu'un obstacle
» au bien. Et cependant, j'aime secrètement à m'at-
» tribuer la gloire de ce qui réussit, à rejeter sur
» d'autres ce qui va mal ; une humiliation, même lé-
» gère, quand il m'en arrive de telles, me trouble ;
» ce qui ne s'accorde pas avec mes idées me froisse ;
» je dédaigne ou je blâme ce qui y est contraire ; je
» voudrais que tout le monde eût pour moi de l'estime;
» je ne supporte pas qu'on m'oublie ; en somme je ne
» compte pas assez sur Dieu et je compte trop sur
» moi. Que de choses à réformer ! quel examen !

» 3° Quant à ce qui concerne le prochain, je le
» juge trop facilement, je le condamne trop sévère-
» ment, je n'excuse pas assez ses actions et ses inten-
» tions, je suis contrariée si on loue certaines per-
» sonnes et portée à diminuer leurs mérites ou leurs
» bonnes actions. Je ne vois pas Dieu dans le pro-
» chain ; si je lui rends quelques services, c'est humai-
» nement ; je suis la pente naturelle de mon cœur.
» Souvent aussi c'est par vaine gloire. Je ne cherche
» pas assez les occasions d'engager au bien, de parler
» de Dieu, d'exhorter à la pratique de la vertu et de
» la piété. Que de bonnes occasions je manque par
» ma faute ! Je ne parle pas avec assez de douceur,
» de prévenance ; je m'anime trop si l'on me contredit ;
» je tiens trop à mon sentiment et le soutiens avec trop
» d'opiniâtreté ; je ne cède qu'à l'évidence ; je ne sou-
» haite pas assez de bien à mon prochain et ne prie pas
» pas assez souvent pour tous.

» 4º Pour si grande que soit ma culpabilité, je
» mets en Dieu toute ma confiance. J'espère mon
» pardon de sa miséricorde. Je compte sur sa grâce
» pour mieux faire à l'avenir. Je me donne tout à
» lui pour toujours, sans réserve et sans partage. »

Dans les dernières années de sa vie, Noémi continua
toujours à faire tous les ans sa retraite de huit jours;
mais elle n'écrivait plus aussi exactement ses réflexions ou ses pieuses résolutions... A mesure qu'elle
avançait dans les voies de la perfection, elle semblait
plus attentive à se dérober même à ses propres regards, cachant dans le secret de son cœur les grandes
grâces que Dieu lui faisait ; et, toujours prompte à
s'accuser, elle ne se voyait que grande criminelle devant la Souveraine Majesté. Il ne nous reste de ses
dernières retraites que quelques notes jetées au ha-
sard sur le carnet où elle marquait ses imperfections :

« Avec la grâce de Dieu, dit-elle, il faut que je
» me sanctifie à tout prix et par tous les moyens. Il ne
» me reste qu'une voie, celle de la pénitence et du
» repentir sincère. Jusqu'ici ma vie n'a été que péché,
» orgueil, vanité, immortification, abus de grâces,
» résistances habituelles à la voix de Dieu, respect
» humain, actions faites par vanité ou sans motif,
» bonnes œuvres qui ont toutes leur récompense sur
» la terre, confessions sans contrition et sans la pré-
» paration nécessaire ; communions sans fruit, tièdes
» ou inutiles ; prières sans attention, point de recueil-
» lement intérieur. »

» Après une vie aussi criminelle, je dois attendre
» un jugement sévère. Quel sera donc mon sort, mi-
» sérable pécheresse ? Il ne me reste qu'à pleurer et à
» gémir sur mes innombrables péchés, et à commen-
» mencer tout de suite, avec la grâce de Dieu, une
» vie toute nouvelle, en espérant en la miséricorde
» divine, infiniment plus grande que ma malice. O
» que la mort des justes est précieuse aux yeux de
» Dieu ! Je me rappelle ma chère cousine D... »

CHAPITRE XXI

**Dernières années de Noémi. Son entrée dans le
Tiers-Ordre de saint François**

—·—

Noémi, sous l'impression des sentiments de crainte
qui dominaient son âme, et aidée par la vive flamme
d'amour qui consumait son cœur, s'étudiait de plus
en plus à accomplir ses divers exercices de piété ou
de charité avec la plus grande perfection. Voyant
dans son règlement de vie l'expression de la volonté
de Dieu, elle s'appliquait, avec toute l'énergie dont
elle était capable, à ne pas en omettre un seul point ;
on aurait dit qu'elle pressentait que sa vie ne serait
pas longue, tant elle avait hâte qu'elle fût bien
remplie.

Et non-seulement elle n'omettait aucun des points
de sa règle, mais, ayant acquis l'habitude du saint
recueillement, elle faisait tout en union avec Dieu,
toujours guidée par des pensées surnaturelles. « Tout
pour plaire à Dieu, disait-elle souvent, rien pour me
satisfaire », et, appuyée sur ces sentiments, elle avançait de plus en plus dans l'abnégation et le sacrifice.
Ses chers malades, ses pauvres, ses vieillards, tous

ceux qui souffraient étaient plus que jamais l'objet de
sa sollicitude. Elle veillait sur les enfants, afin qu'ils
acquissent de bons principes ; sur les parents, afin
qu'ils leur donnassent de bons exemples ; sur toutes
les âmes, pour qu'elles fissent des progrès dans la
vertu.

Et quoiqu'elle n'omît ni un bon conseil, ni une
bonne action, le zèle qui la dévorait était tel qu'elle
ne croyait rien faire de bon. « Je suis une servante
» inutile, disait-elle, je vais paraître devant Dieu les
» mains vides. »

Se repliant sur elle-même, elle essayait de suppléer
par la prière et la pénitence à son impuissance pour
le salut des âmes, et, comme l'illustre Sainte du Car-
mel, elle coopérait, de son oratoire, à la conversion
des pécheurs et à la délivrance des âmes du Purgatoire.

Mais elle était surtout attentive à effacer dans son
cœur ce qui ne ressemblait pas à Jésus, et à donner
un plus vif relief aux traits de ce divin modèle qu'elle
avait retracés dans son intérieur. Nous avons dit que,
comme beaucoup de grandes âmes, elle avait reçu de la
nature un caractère ardent, dominateur. Elle le savait ;
elle combattit son naturel toute sa vie. La lutte était
terrible parfois, mais Jésus restait toujours vainqueur ;
aidée de la grâce, la volonté de la vaillante chrétienne
lui faisait surmonter les assauts les plus formidables.
Prenant pour modèle saint François de Sales, elle
parvint à acquérir une douceur inaltérable, calquée
sur celle du divin Maître.

Mais tant de combats ne furent pas impunément livrés. La grâce triompha dans la généreuse amante du Christ, la nature, l'esclave, fut vaincue, et un jour ce pauvre cœur humain, à force d'être comprimé, déchiré, brisé, s'affaissa. Quand elle le trouva soumis, captif, elle commença aussi à y ressentir la douleur physique, blessure d'amour divin, mais blessure aimée, vrai trophée de la victoire. Comme l'Apôtre de la douceur, elle devait être martyre de la vertu qu'elle avait acquise.

Toutefois, elle ne fit entendre aucune plainte. La souffrance d'ailleurs fut lente pendant plusieurs années, et elle put facilement la dérober même à ses plus proches. Quand, de loin en loin, des étreintes trop vives lui arrachaient un cri ou la faisaient pâlir, elle savait adroitement détourner l'attention de ceux qui l'aimaient : « Ce n'est rien, disait-elle, ce n'est qu'une crampe. » Et elle continuait sans relâche sa vie de travail, de prière et de sacrifice.

On a vu plusieurs fois, dans le cours de ce récit, que Noémi avait toujours gardé au fond de son cœur le regret de ne pas être séparée du monde par la grille d'un cloître, et qu'il lui semblait qu'elle ne pourrait jamais, dans le siècle, atteindre à la perfection de la vie religieuse. Notre-Seigneur lui réservait une consolation bien capable d'atténuer cette peine.

M. l'abbé Artaud, un très-digne prêtre, aumônier des Carmélites de Montpellier, eut la pieuse pensée, vers l'an 1857, de faire connaître à quelques saintes âmes qu'il dirigeait l'existence du Tiers-Ordre de

Saint François d'Assise, auquel il appartenait déjà lui-même. Avec leur concours, il put l'année suivante donner une plus grande extension à cette association et y recevoir d'autres personnes. Noémi ne tarda pas à en être informée. Elle salua avec bonheur l'œuvre providentielle et se hâta de demander le saint habit; elle le reçut le 4 octobre 1856, des mains de M. Artaud lui-même, dans l'église de Saint-Joseph, qui n'existe plus aujourd'hui. Un an après, elle fit sa profession dans la même chapelle et entre les mains du même prêtre, qui conserva jusqu'à sa mort la direction du Tiers-Ordre à Montpellier. Elle prit rang dans la milice de saint François, sous le nom de Sœur Sainte-Élisabeth.

Il ne lui fut pas difficile de marcher sous l'étendard de son séraphique Père. Elle avait déjà prononcé depuis vingt ans ses vœux de religion, et sa pauvreté était telle que saint François n'eût rien trouvé à supprimer dans tout ce qui était à son usage ; son obéissance et la pureté de son cœur la rendaient égale aux anges ; de plus, la souffrance physique lui était octroyée, pour la rendre digne du blason qui désormais devait être le sien.

On ne tarda pas à reconnaître dans le Tiers-Ordre la valeur de la nouvelle professe. A peine y fut-elle enrôlée, qu'on la consulta dans toutes les décisions à prendre. Son humilité lui avait fait refuser toute charge ; mais elle ne put éviter de donner quelquefois son avis et de contribuer d'une manière très-active aux travaux toujours difficiles des années de formation.

Combien fut-elle heureuse de l'achat de l'ancien Refuge ! Elle nous montrait avec un vrai bonheur la cellule où elle viendrait faire sa retraite annuelle, et elle se promettait d'user largement de la faculté qui lui serait donnée d'y venir à son gré... Hélas ! elle ne devait pas jouir longtemps de cette consolation !

Elle se fit un devoir de faire connaître l'existence du Tiers-Ordre à quelques personnes de la campagne, qu'elle savait capables de devenir de dignes filles de saint François, et qui ne tardèrent pas à suivre son exemple et furent de ferventes tierçaires.

Mais ce qui devint surtout l'objet de ses préoccupations, ce fut le soin avec lequel elle s'appliqua à entrer dans l'esprit de sa règle et à marcher sur les traces de son glorieux Père. Elle étudiait ses sentiments, entrait même dans sa pensée et tâchait d'y conformer la sienne. La simplicité, la douceur sereine de saint François resplendirent en Noémi. Sa charité, dans ses rapports avec Dieu et avec le prochain, devint si héroïque, qu'elle atteignit à d'étonnantes hauteurs. Malgré le soin qu'elle prenait de cacher le trésor de ses vertus, on les découvrait à chaque instant.

La Croix était devenue sa folie. La jeune fille mondaine n'est pas plus empressée d'enrichir son écrin de pierres précieuses, que Noémi de recueillir les moindres parcelles de souffrance ; son esprit, son corps et son cœur étaient crucifiés. Au milieu de la nuit obscure qui l'enveloppait de ses ténèbres, au milieu des angoisses qui désolaient son âme, non-seulement elle ne se plaignait pas, mais elle s'attachait davantage à Jésus.

Afin de mieux pénétrer les mystères de la Passion du Rédempteur, elle en faisait chaque jour le sujet de son oraison. Chaque jour aussi, elle accompagnait le divin Sauveur au Calvaire par l'exercice du Chemin de la Croix, qu'elle faisait le plus souvent les bras étendus afin de mieux s'associer aux souffrances de l'Homme-Dieu.

Elle fut encouragée dans la pratique de cette dévotion par le saint Curé d'Ars, qu'elle eut occasion de connaître. Dieu permet quelquefois que ses élus de prédilection se rencontrent ici-bas avant de se connaître dans l'Éternité heureuse. C'est une consolation qu'il leur donne, sans doute pour les aider à porter le poids de l'exil, et peut-être aussi pour leur procurer la joie du revoir dans la Patrie Saint Paul, ermite, connut saint Antoine aux derniers jours de sa vie mortelle ; il fut donné à sainte Thérèse d'admirer la sainteté de saint Pierre d'Alcantara. De même, si l'on veut nous permettre ce rapprochement, Noémi, par d'heureuses circonstances, fut amenée à Ars dans le mois de mai 1859, deux mois environ avant la mort du saint Thaumaturge. Elle ne devait pas tarder à le suivre dans la gloire.

Noémi recueillit des grâces suréminentes de cette sainte entrevue. Avec cette pénétration qui le caractérisait, le Curé d'Ars dut lire dans la belle âme de notre héroïque chrétienne ; il la rassura sur ses craintes, l'encouragea à marcher résolument jusqu'au bout dans la voie qu'on lui avait tracée, et lui donna quelques conseils pour la faire arriver à une sainteté plus élevée.

Elle a toujours gardé le silence sur la nature de ces conseils. Ce que l'on sait, c'est qu'elle revint d'Ars comme transfigurée. Elle disait souvent, avec une indicible expression de bonheur : « J'ai vu un saint! »

Le saint Curé sembla lui avoir communiqué sa tendre charité pour les âmes du Purgatoire. Elle redoubla de zèle à leur égard; par des prières jaculatoires ou des bonnes œuvres, elle faisait sans cesse tomber sur elles une rosée bienfaisante ; elle n'eût, pour aucun motif, manqué un seul jour le Chemin de la Croix : « Les chères âmes l'attendent, » disait-elle. Quand la souffrance commençait à l'étreindre de plus près et l'empêchait d'aller à l'église, elle y suppléait dans son oratoire, où, à cet effet, elle avait fait ériger les quatorze stations de la voie douloureuse ; et afin de continuer, même après sa mort, sa charité envers les chères âmes, elle chargea sa famille, dans ses dernières recommandations, de faire célébrer tous les ans cinquante messes pour les âmes les plus abandonnées.

CHAPITRE XXII

Mort de Noémi

Il y avait déjà près de quarante ans que Noémi répandait la semence du bien autour d'elle, quarante ans qu'elle était en vérité l'Ange de la Paroisse : aux uns elle avait distribué le pain de l'intelligence et du cœur, aux autres le pain matériel. Les déshérités de la fortune ou de la grâce avaient toujours été les premiers secourus, les préférés ; il semblait qu'elle devait rester perpétuellement au milieu de ses œuvres, personne, à Vendémian, ne voulait quitter la vie sans avoir Noémi à son chevet dans le moment suprême, et nul ne s'imaginait que la sainte fille pût le précéder dans la tombe.

Mais les pensées de Dieu sont différentes des nôtres. La vraie vie n'est qu'au Ciel, et quoique le Souverain Maître utilise ses soldats sur la terre, néanmoins il leur accorde parfois l'honneur du triomphe avant qu'ils aient atteint le terme de la carrière, ou plutôt il la leur fait franchir d'un seul bond. Ainsi agit-il envers Noémi. Elle avait choisi le chemin le plus court, la souffrance, la croix, et elle arrivait au terme alors qu'on l'eût crue seulement au milieu de sa course et dans toute la force de sa vie.

D'ailleurs, elle ne tenait presque plus à la terre. Pendant qu'elle se détachait intérieurement de toute affection aux créatures, et qu'elle extirpait les dernières fibres de l'amour-propre, le divin Sauveur complétait l'œuvre de purification en brisant un à un dans son cœur les liens si forts et si doux de la parenté ou de l'amitié. Que de vides s'étaient déjà faits à ses côtés ! Elle avait perdu son frère qu'elle aimait tant, son neveu, Mᵉ Cellier, sa petite nièce Thérèse, seul rejeton de celui qu'elle aimait comme un fils ; des tantes dévouées, des cousines, des amies intimes..... Son grand cœur avait rudement senti le contre-coup de tous ces départs; l'habitude du sacrifice l'avait rendue résignée, soumise; la Foi lui faisait désirer d'aller retrouver dans l'Éternité ceux qu'elle avait perdus, et elle soupirait sans cesse après l'heureux moment de la réunion.

Cependant les efforts incessants qu'elle faisait pour maintenir son âme en paix et l'enrichir de nouveaux mérites, activaient le développement d'une maladie, dont, comme nous l'avons dit, elle portait le germe depuis plusieurs années. Un avertissement lui fut donné en 1862, un an avant sa mort, et jeta la terreur parmi les siens. Le 28 décembre elle allait à pied assister à la solennité de l'Adoration dans la paroisse de Popian, avec la meilleure partie de celle de Vendémian ; mais en route elle dut s'arrêter tout court : elle ne respirait plus, et devint d'une pâleur effrayante.

Après un repos de quelques instants, elle put reprendre ses sens et continuer sa route, recommandant bien à ses amies de taire l'incident à sa famille. On sut plus tard que ce n'était pas la première crise qu'elle éprouvait. A Montpellier notamment, en traversant la place de la Comédie, au retour d'une course de charité, elle avait dû un jour rester quelques instants sans pouvoir avancer.

Malgré ces malaises fréquents, elle redoubla d'ardeur pour contribuer à donner le plus d'éclat possible aux fêtes de l'Adoration, que Mgr Le Courtier venait d'établir dans le diocèse. Elle avait accueilli cette institution avec des transports de joie ; elle soupirait longtemps à l'avance après le bonheur de voir son Jésus entouré dans son humble église d'une garde d'amour et d'honneur, et après le plaisir qu'elle aurait elle-même à profiter largement de cette auguste présence. Elle avait quêté, elle avait donné, et elle travaillait avec ses chères congréganistes pour bien parer l'autel du Dieu eucharistique. Mettant à contribution toutes les ressources de son génie inventif, elle faisait des fleurs pour former de fraîches guirlandes ; puis, coupait des fils de fer, leur donnait de gracieux contours et fabriquait ces beaux candélabres que l'on admire encore dans l'église de Vendémian et qui, dans les Adorations, produisent un si bel effet ; puis encore, avec des lambeaux, elle formait de riches tentures pour orner le baldaquin ; rien ne lui paraissait assez beau pour son Dieu.

Enfin le jour tant désiré arriva ! le 20 janvier 1863,

Notre-Seigneur vint s'asseoir sur le trône que sa fidèle servante lui avait préparé, et répandre sur la Paroisse les bénédictions de son cœur. Comment exprimer les sentiments de Noémi pendant ces heures de grâce ! Elle ne pouvait se lasser d'exprimer sa reconnaissance à Jésus ; sa prière, du reste, ressemblait à l'extase. Abimée et perdue en celui qu'elle adorait sur l'autel et pour lequel elle vivait, elle semblait ne plus appartenir à la terre. Notre-Seigneur voulait lui donner un avant-goût du Ciel, la vision du Thabor, avant l'ascension du Calvaire. « Il n'y a que les transfigurés qui sachent souffrir, dit le Père Olivaint (1) », et Noémi, qui allait entrer dans une période de souffrances plus aiguës, qui le sentait par les secrets avertissements de la douleur, se réconforta au pied de la montagne sainte et y puisa la force de souffrir jusqu'à la mort.

Le bon Maître ne tarda pas à mettre à l'épreuve le dévouement de sa servante. Le lendemain de l'Adoration elle ne put, selon son habitude, dégarnir les autels et enfermer les décorations. Sa pieuse nièce, Mira, dut pour la première fois remplir cette tâche sans le concours et la direction de sa bonne tante. On attribua tout d'abord l'état de fatigue de Noémi aux grands travaux auxquels elle s'était livrée. Mais on ne tarda pas à remarquer en elle des symptômes alarmants. Sa figure s'altérait, ses forces la trahissaient, souvent, elle passait des journées entières

____

(1) *Retraites,* t. I, p. 135.

sans pouvoir sortir de son appartement. Dans les premiers jours de février, on fit appeler le Dr Fabre et son cousin le Dr Fournier, qui reconnurent qu'elle avait une hypertrophie du cœur, et si avancée qu'il n'y avait plus de remède. Toutefois ce n'était pas encore la fin : elle devait vider le calice jusqu'à la lie. Après trois mois de souffrances atroces, elle parut retrouver la santé ; et tant il est vrai que nous ne pouvons nous décider facilement à croire à la perte des êtres qui nous sont chers, et que nous aimons à nous bercer d'espoir alors même qu'il n'y a plus d'espérance, sa famille, ses amis, toute la paroisse se reprirent à espérer. Seule, Noémi ne se fit pas illusion, seulement elle employa à se bien préparer à la mort le temps qui lui était accordé.

En reprenant une partie de ses forces avec les beaux jours, Noémi reprit aussi peu à peu divers exercices de charité et de piété, et sa famille put croire tout danger conjuré pour longtemps. Néanmoins elle souffrait toujours ; mais sa gaieté, le sourire, qui était habituellement sur ses lèvres, réussissaient si bien à cacher les tiraillements de la douleur, qu'elle put rassasier sa soif de souffrances, sans qu'on s'en aperçût autour d'elle.

Elle alla encore à Montpellier pendant la belle saison ; elle fêta Saint Louis de Gonzague à Laboissière, dans la chapelle de son pieux parent, M. l'abbé Poujol. Elle put même, au mois de décembre, assister à la Mission que prêchait à Pouzols le R. P. Alexandre, de l'ordre des Prémontrés, et elle profita de cette

circonstance pour donner encore à son âme la consolation d'une courte retraite. Elle était logée chez ses
excellentes amies les demoiselles Arnaud , et il semblait qu'elle venait leur faire ses adieux. « Je puis
» chanter mon *Nunc dimittis*, leur disait-elle, en les
» quittant, je m'en vais tranquille et contente ! »

En rentrant à Vendémian, Noémi commença à tout
disposer pour les fêtes de son Adoration, qui devait
avoir lieu le 17 janvier. Elle voulait surpasser ce
qu'on avait fait jusque-là , et se promettait , comme
une grande joie, de pouvoir adorer avec une ardeur
nouvelle son Dieu sur l'autel, après s'être surpassée
dans la décoration du trône eucharistique. Mais elle
devait aller contempler son bien-aimé sur son trône
du Ciel.

De nouvelles crises se produisirent dans les premiers jours de janvier 1864. Il en résulta un malaise
général, précurseur du dénouement fatal. Pendant
quelques jours, elle s'occupa encore de la décoration
de l'église avec les jeunes filles qu'elle avait formées
à ce genre de pieux travail ; mais ce n'était qu'avec
effort et en s'interrompant plusieurs fois ; bientôt
même elle ne put continuer. Chaque jour amenait une
nouvelle déperdition de forces ; elle s'affaissait insensiblement, perdait à la fois l'appétit et le sommeil.

En même temps que la souffrance physique achevait son œuvre de purification, la souffrance morale,
non moins terrible, mettait le sceau à l'œuvre de sa
sanctification , en détruisant ce qu'il pouvait rester
encore d'imparfait dans son esprit et dans son cœur.

Nous avons vu avec quelle générosité cette grande chrétienne avait fait abnégation des consolations spirituelles : la Foi seule l'avait soutenue au milieu des aridités et des épreuves sans nombre par lesquelles Dieu lui avait témoigné que son offrande lui était agréable ; elle avait bu à longs traits au calice de la Passion du Sauveur ; elle savourait maintenant l'amertume de la lie.

Tout le bien qu'elle avait fait dans sa vie lui apparut comme nul ou entaché d'imperfections, et consumée du regret de ne pas avoir assez fait pour Dieu, elle eût désiré, comme saint François Xavier, vivre quelques années de plus pour travailler avec plus de zèle à la sanctification de son âme et surtout à la conversion des pécheurs ; il lui semblait qu'elle serait damnée pour le bien qu'elle n'avait pas fait, et cette croix désolante l'accablait de tout son poids.

Malgré ces angoisses, elle continua néanmoins à mettre en Dieu cette confiance qui ne lui avait jamais fait défaut, et Dieu ne l'abandonna pas. De même que, sur le chemin du Calvaire, il avait envoyé le Cyrénéen à son Fils bien-aimé, ainsi accorda-t-il un secours inattendu à Noémi, l'épouse du crucifié, pour qu'elle pût consommer son sacrifice.

M. l'abbé Combes, de sainte mémoire, curé de Vendémian, voulant donner un peu plus d'éclat à la fête de l'Adoration, eut la pieuse pensée de la faire précéder d'une prédication de quelques semaines et il appela, à cet effet, le Révérend Père Robert, Carme Déchaussé de la maison de Montpellier.

Noémi, retenue dans sa chambre par la maladie, ne put pas même assister à une seule réunion ; mais elle voulut du moins coopérer au résultat de la Mission, en préparant les consciences ; presque tous, hommes et femmes, venaient la voir avant d'aller trouver le Père. Elle désira, sous la direction de cet homme de Dieu, profondément versé dans les voies spirituelles, faire une dernière retraite. Quand on est au seuil de l'éternité, comme au terme d'un pénible voyage, on a besoin de secouer la poussière terrestre et de se recueillir avant d'être introduit en la présence du grand Roi. Noémi profita donc du secours providentiel qui lui était accordé et fit une revue de sa vie.

Le saint Religieux, touché de l'ardeur et de la pureté de si beaux sentiments, et presque ravi du spectacle d'une telle sainteté, ne pouvait se lasser d'admirer les grâces dont Dieu avait comblé sa servante. En même temps qu'il lui donnait ses conseils, il aimait à provoquer, à recevoir les siens, persuadé que cette sainte âme était éclairée de lumières surnaturelles ; son humilité le ravissait. Il a déclaré n'avoir trouvé nulle part autant de sainteté ; à son avis, les grandes croix qu'elle eut à supporter dans ces derniers jours suffisaient seules à prouver le degré de perfection où Noémi était arrivée.

Le jour de l'Adoration, 17 janvier, elle aurait voulu faire au moins une visite au Dieu de l'Eucharistie, elle dut en faire le sacrifice. A peine put-elle recevoir ce jour-là diverses personnes que la solen-

nité de la fête y avait attirées et qui voulaient la consulter, les unes sur des choses spirituelles, d'autres
pour des affaires temporelles ; continuant à s'oublier
elle-même, elle répondit à tous : on eût dit que l'Esprit
Saint parlait par sa bouche.

Ses sœurs du Tiers-Ordre étaient venues la voir
aussi ce jour-là, pour profiter de la double fête de
l'Adoration et de la clôture de la Mission. Noémi, ne
pouvant leur adresser elle-même quelques paroles
de piété, pria le bon Père de le faire à sa place :
elle les réunit donc dans son oratoire et eut la consolation d'assister à cette petite assemblée de famille.
La force qu'elle avait puisée dans la retraite, s'épa-
nouissant sur sa physionomie, la rendait comme rayonnante. Hélas ! qui de nous eût pensé que nous lui
disions un dernier adieu.

Deux jours après, Noémi ne put quitter le lit ; en
peu de temps la maladie fit des progrès effrayants,
bientôt tout espoir humain fut perdu.

La douleur fut immense dans Vendémian quand
on sut la décision du médecin ; tout le monde se mit
à prier pour la chère bienfaitrice de tous, comme on
l'avait fait l'année précédente ; chacun aurait voulu lui
donner quelques années de sa vie.

Noémi, de son côté, toujours calme et toujours soumise à la volonté de Dieu, pratiquait à la lettre les
paroles du Psalmiste qu'elle avait si souvent sur les
lèvres : *In manus tuas, Domine, commendo spiri-
tum meum*, et pour cela elle obéissait comme un
enfant aux ordonnances du médecin, même, comme

Anna-Maria Taïgi, dans les choses qui devaient lui être contraires. « Je suis prête à tout », dit-elle au docteur, et celui-ci, dans l'espoir de prolonger de quelques jours une existence si chère, se décida à promener le fer et la flamme sur plusieurs points du corps. Noémi supporta ces douloureuses opérations avec l'héroïsme qui était dans son caractère, mais elles furent sans effet ; les soporifiques ne réussirent pas davantage. Elle comprenait bien que tout était fini pour elle ici-bas, mais elle voulait demeurer obéissante jusqu'à la mort. En même temps qu'elle se prêtait avec simplicité à tous les soins qu'on lui prodiguait, elle préparait son âme à paraître devant son Juge, et elle attendait dans la pénitence et l'amour que l'heure suprême sonnât.

Elle avait chargé sa chère Mira de l'avertir dès qu'il y aurait danger, et de lui faire recevoir le Saint-Viatique : « Je me repose sur toi de ce soin, lui di- » sait-elle souvent, et je t'en fais responsable » ; et celle-ci, pour être fidèle à son mandat, dut remplir sa tâche, malgré les larmes qui débordaient de son cœur.

Noémi reçut le Pain des forts et le Sacrement des mourants avec une foi et une piété admirables. C'était pour la dernière fois que son Dieu revenait à elle sous les voiles eucharistiques ; bientôt elle allait le contempler à découvert dans le Ciel, et cette pensée la remplissait de joie et d'amour, et lui donnait la force de demeurer volontairement sur sa croix jusqu'à la mort.

Ses souffrances étaient atroces ; elle était forcée de demeurer assise sur son lit et ne pouvait appuyer la tête nulle part, tant elle était endolorie ; il nous semblait voir le divin Crucifié penchant en avant son chef sacré, sans pouvoir lui donner aucun soulagement.

Au milieu de son agonie, le bon Maître pensa à la pauvre humanité et lui donna une Mère. De même Noémi pensa à sa chère paroisse et voulut lui donner un dernier souvenir, un dernier adieu. On n'avait admis auprès d'elle que quelques intimes et les Sœurs de la Ste-Famille, qui se regardaient à juste titre comme ses filles spirituelles. Elle voulut qu'on laissât entrer tous ceux qui désireraient la voir. Tous le désiraient, aussi avec quel empressement se porta-t-on auprès d'elle ! Elle donnait à chacun le conseil dont il avait besoin, et disait à tous au revoir dans la patrie. Tous étaient émus, beaucoup ne lui répondaient que par des sanglots.

Quand elle eut vu à peu près tout le monde, elle demanda qu'on ne laissât plus entrer que les personnes indispensables, puis elle fit appeler son neveu. Après lui avoir donné des conseils sur la manière d'élever ses enfants et lui avoir fait promettre de marcher sur les traces de ses ancêtres, elle le chargea de l'exécution de ses dernières volontés : un nombre de Messes tous les ans pour les âmes du Purgatoire les plus abandonnées, un certain nombre aussi pour le repos de son âme, des dons aux pauvres, un calice en vermeil à l'église de la paroisse. Puis elle consola sa nièce Mira dont elle voyait d'avance la désolation.

14

Elle remercia sa belle-sœur des bons soins qu'elle avait reçus d'elle, de ses bons procédés, l'encouragea à porter avec patience les peines de la vie, et promit à tous de ne pas les oublier au ciel. Elle dit adieu aussi aux serviteurs de la maison et leur recommanda surtout d'être bons chrétiens jusqu'à la mort.

Ses amies du dehors étaient accourues auprès d'elle; Mlle Elisa Arnaud, sa sœur dans le Tiers-Ordre, s'était établie à son chevet, et avec Mira et Mme Joulié, ne la quittait plus. M. l'abbé Boude, de St-Bauzille, venait chaque jour lui parler de Jésus souffrant et du bonheur de mourir sur la croix comme lui. Plusieurs tierçaires des environs vinrent lui dire un dernier adieu. Il nous fut aussi donné de la voir sur cette sorte de Calvaire où l'amour achevait de purifier sa victime, et nous regardons cette faveur comme une grâce précieuse. Noémi était réellement sur la croix, mais qu'il était facile de voir qu'elle y était avec Jésus! L'agonie dura trois jours. Elle ne pouvait plus rien avaler, elle avait la bouche en feu, les yeux à demi éteints, tout le corps brisé, et cependant le cœur était toujours en action. Ses lèvres ne murmuraient plus qu'un seul mot : « Mon Dieu, je vous aime ! » et il était aussi fréquent que sa respiration ; elle frappait sa poitrine en disant avec une profonde douleur : « *mea culpa ! mea culpa !* » ou bien ses mains pressaient le crucifix sur ses lèvres décolorées. Quand elles n'eurent plus de mouvement, on y suppléait en le lui présentant, et elle le baisait avec amour. Nous contemplions cette grande âme que le

Ciel allait nous prendre, et nous nous demandions, même au moment de la perdre, si nous ne devions pas nous réjouir au lieu de nous attrister. Elle allait recevoir sa récompense, ses travaux étaient finis, et nous, nous avions encore à lutter ici-bas. Le désir de la posséder prenait cependant le dessus, et nous aurions voulu que Dieu nous la laissât encore durant de longues années.

Pour elle, on voyait qu'elle soupirait de plus en plus après l'heureux moment qui briserait ses liens. A mesure que sa vie mortelle finissait, les rayons de la vision divine semblaient l'illuminer ; une sorte de transfiguration s'opérait ; le Thabor l'avait conduite au Calvaire, le Calvaire semblait devenu un Thabor, la dernière étape vers le ciel ; on eût dit que son âme était déjà dans le sein de Dieu ; pas une plainte, pas un murmure ; au contraire, comme le premier martyr, elle semblait nous dire : « Je vois les cieux ouverts, et Jésus debout à la droite du Père. »

Le soir du troisième jour, elle avait encore sa parfaite lucidité d'esprit et ne paraissait pas si près de sa fin. Il n'était resté dans son appartement que les amies qui devaient la veiller. A l'heure où la vierge chrétienne murmure sa dernière prière, où le laboureur commence à se reposer des fatigues d'une rude journée, et où le calme se fait dans nos rues devenues désertes, on priait autour de son lit, et Noémi nous suivait d'esprit et de cœur. Tout d'un coup nous remarquâmes deux larmes dans ses yeux, c'était le dernier symptôme. Quelques instants après, sans secousse, son âme prenait son essor, c'était le 8 février 1864.

Sa dépouille mortelle fut placée dans ce petit oratoire où elle aimait tant à prier. Elle y demeura 48 heures. Son corps ne donna aucun signe de décomposition, et ses membres conservèrent leur souplesse pendant tout ce temps.

Ses funérailles furent un vrai triomphe. Tout le temps que son corps demeura exposé, la petite chapelle ne désemplit ni le jour ni la nuit ; tous venaient la prier plutôt que prier pour elle ; chacun avait à lui demander une grâce qu'il espérait obtenir par son intercession ; on lui recommandait le succès d'une affaire, le retour ou la guérison d'un enfant, la conversion d'un pécheur, etc. Il fallut mettre des gardiens pour empêcher qu'on ne déchirât ses vêtements. Nous avions placé autour du lit sur lequel reposait son corps, les roses blanches qu'elle avait faites pour l'Adoration, et nous comptions les mettre dans son cercueil ; mais comment les refuser à l'affection si vraie de sa paroisse ? il fallut les distribuer entre tous, tous voulaient emporter un souvenir de leur sainte Noémi.

Nous ne voudrions pas nous rendre coupable d'exagération, et nous savons toute la réserve que l'Église commande en semblable matière, mais nous devons à la vérité de dire que ces roses et d'autres objets pieux qui lui avaient appartenu ont été pour beaucoup de personnes, telle est du moins leur ferme conviction, un moyen d'obtenir le soulagement dans leurs maux et même des guérisons inespérées.

CONCLUSION

—

Témoin, par la grâce de Dieu, d'une grande partie de la vie de Mlle Noémi Cellier, honorée de son affection pendant les dernières années de son existence, il nous a été donné, plus qu'à bien d'autres, de la voir de près, d'étudier et d'admirer la grandeur de sa foi, la noblesse de ses sentiments, la tendresse de sa charité, les saintes délicatesses de sa piété. Aussi nous a-t-il été doux, en remplissant un devoir de déférence à l'égard d'une auguste volonté, de payer à une admirable servante de Dieu le tribut de notre reconnaissance. Puisse notre faible travail contribuer à étendre la durée d'une mémoire et si sainte et si chère !

Nous avons souvent entendu dire : Les saints ne devraient jamais mourir. En réalité, les saints ne meurent pas. La terre n'est pour eux qu'un lieu de passage qu'ils traversent en faisant le bien comme leur divin Maître, et quand leur mission est terminée, quand ils ont achevé leur course, ils ne font que changer de demeure et vont continuer au ciel le bien auquel ils avaient consacré leur existence parmi nous. Imitateurs de J.-C. sur la terre, ils sont aussi ses imitateurs dans la gloire ; là, comme lui, ils vivent toujours occupés de nos intérêts auprès du trône du Dieu de miséricorde.

Mais ils continuent aussi à vivre sur la terre par le souvenir du bien qu'ils y ont fait et des vertus dont ils ont donné l'exemple.

Ces vertus doivent leur susciter des imitateurs partout, mais surtout parmi ceux qui les ont vus de plus près, dans leur patrie, dans leur famille. M. Cellier Pierre a continué à vivre dans la personne de son fils, Mlle Cellier a revécu dans la personne de Mlle Noémi. Nous ne pouvons pousser plus cloin e parallèle ; nous blesserions la modestie d'un sérieux et fervent chrétien, nous mettrions à la torture celle d'une digne et sainte fille, suivant tous les deux, d'une manière si louable, les traditions chrétiennes et charitables qui leur ont été laissées comme un précieux héritage.

Ces traditions ne s'effaceront jamais, nous en sommes convaincue, dans une famille où elles se sont si bien conservées jusqu'à ce jour. Elles seront sa force et sa gloire, et la maison Cellier sera toujours considérée, vénérée et aimée à Vendémian, parce qu'avec la grâce de Dieu elle ne dégénèrera jamais de la foi, de la piété, de la charité de ses ancêtres, parce qu'elle se montrera toujours digne d'eux.

TABLE DES MATIÈRES

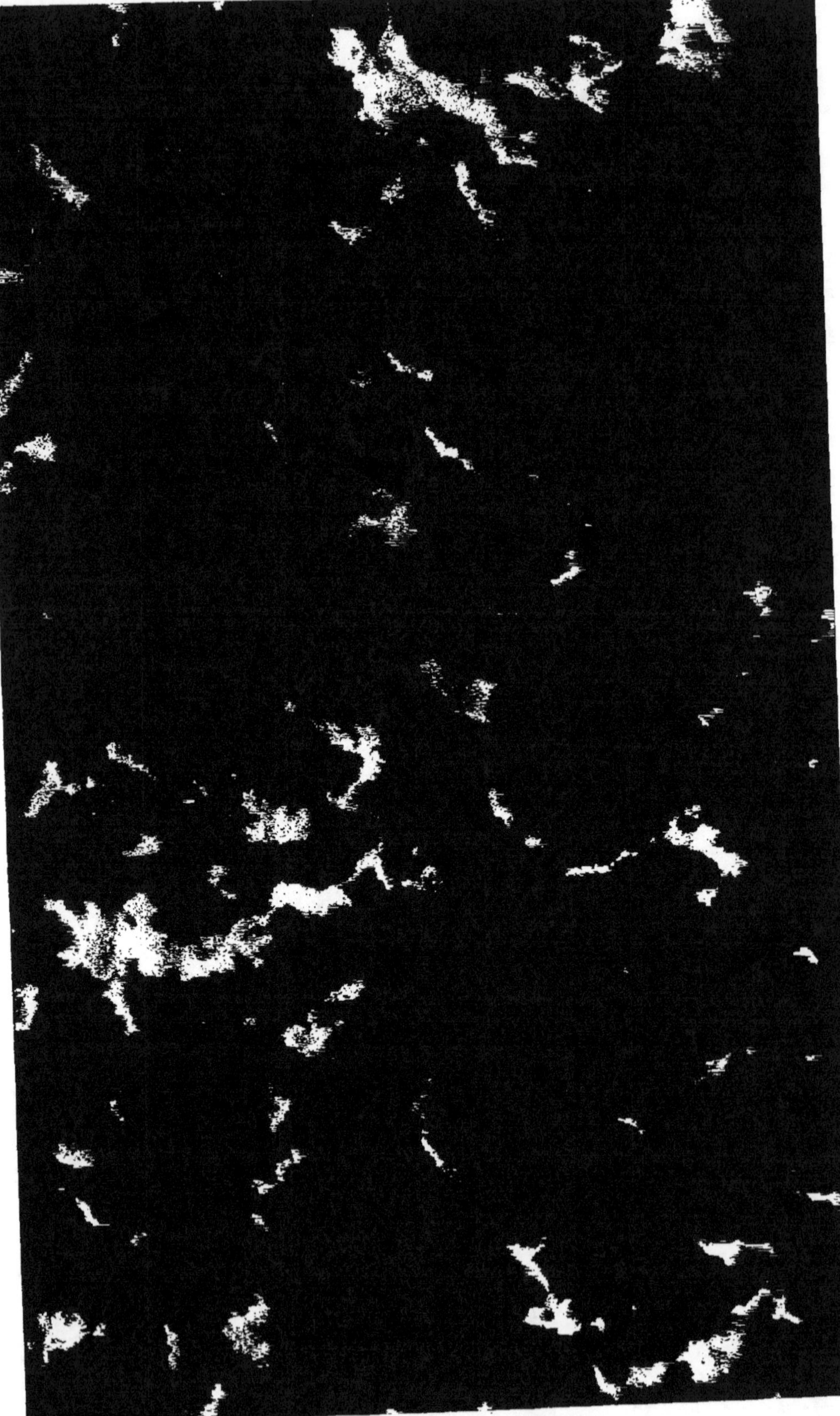

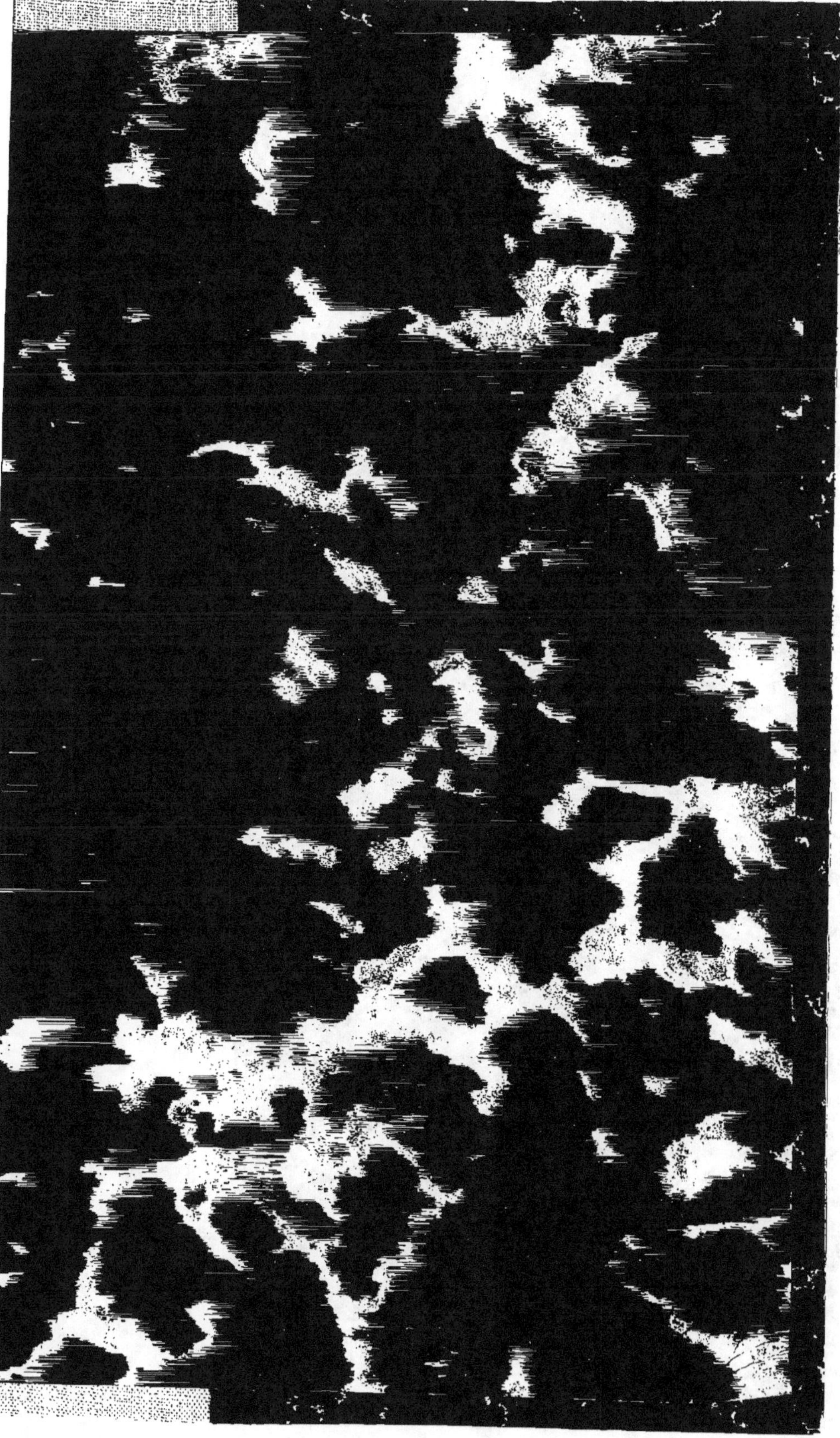